Arthur Thömmes

Die schnelle Stunde

Ethik

30 originelle Unterrichtsstunden ganz ohne Vorbereitung

 Auer

Gedruckt auf umweltbewusst gefertigtem, chlorfrei gebleichtem und alterungsbeständigem Papier.

2. Auflage 2015
Nach den seit 2006 amtlich gültigen Regelungen der Rechtschreibung
© Auer Verlag
AAP Lehrerfachverlage GmbH, Donauwörth
Illustrationen: Stefanie Aufmuth, Julia Flasche, Steffen Jähde, Barbara Schumann, Thorsten Trantow, Bettina Weyland
Umschlagillustration: Julia Flasche
Satz: Fotosatz H. Buck, Kumhausen
Druck und Bindung: Aubele Druck GmbH, Kempten
ISBN 978-3-403-07249-2

www.auer-verlag.de

Inhaltsverzeichnis

Vorwort

Liebe Kolleginnen und Kollegen,

Sie kennen die Situationen, in denen Sie spontan und ohne große Vorbereitungszeit Unterrichtsstunden übernehmen müssen. Häufig müssen Sie dabei fachfremd und in unbekannten Klassen unterrichten.

Im vorliegenden Band in der Reihe „Die schnelle Stunde" werden Materialien und Stundenkonzepte für den Ethikunterricht vorgestellt, die keiner großen Vorbereitung bedürfen. Der Band ist besonders geeignet für Vertretungsstunden ohne großen Aufwand und ohne Vorbereitungszeit oder auch als Lückenfüller für Ihren eigenen Unterricht.

Die einzelnen Vorschläge orientieren sich an einem erfahrungsorientierten Ethikunterricht, der vor allem die Schüler mit ihren Gefühlen, Wünschen und Lebensfragen in den Blick nimmt.

Weitere Praxisbeispiele und Materialien sind auch auf meiner Internetseite www.fundgrube-religionsunterricht.de zu finden.

Für eine Orientierung auf einen Blick sind alle Stunden nach dem gleichen Schema aufgebaut und enthalten Angaben zu Klassenstufe, Dauer, benötigtem Material, Lernzielen und zur Vorbereitung, stellen Varianten vor und geben Tipps. Die meisten Stunden enthalten ein zusätzliches Arbeitsblatt zum Kopieren. Die Einheiten sind auf eine Unterrichtsstunde angelegt, einige können aber auch erweitert werden.

Für eine Orientierung auf einen Blick wurden regelmäßig wiederkehrende Begriffe mit den folgenden Icons veranschaulicht:

	Jahrgangsstufe		Vorbereitung
	Dauer		Varianten
	Material		Tipps
	Lernziel		Aufgabe

Ich wünsche Ihnen viel Freude und Erfolg mit den vorgestellten Materialien.

Arthur Thömmes

Anmerkung: Aufgrund der besseren Lesbarkeit ist in diesem Buch mit Schüler auch immer Schülerin gemeint, ebenso verhält es sich mit Lehrer und Lehrerin etc.

Übersichtstabelle zu allen schnellen Stunden

	Kl. 5	Kl. 6	Kl. 7	Kl. 8	Kl. 9	Kl. 10	kopieren	Material	Internet-zugang	erweiterbar auf 90 min
Abc der Menschlichkeit	x	x	x	x	x	x	x	x	evtl.	
Achtsamkeitstraining			x	x	x	x	x			x
Beziehungskiste				x	x	x	x			
Bildung kann die Welt verändern			x	x	x	x	x			x
Chill mal dein Leben!			x	x	x	x	x	x		x
Damals war alles besser!				x	x	x	x			
Der Kompass meines Lebens	x	x	x	x	x	x	x			
Entscheide dich – eine Dilemmageschichte				x	x	x	x			x
Ethikquiz	x	x	x	x	x	x	x			x
Ethisch korrektes Konsumverhalten			x	x	x	x	x	x	x	x
Familiengeschichten	x	x	x	x	x	x	x			x
Fragensteller				x	x	x	x			x
Gefühlstheater	x	x	x	x	x	x	x			x
Generation Gummistiefel – Gutes tun und darüber reden	x	x	x	x	x	x	x			
Glückssucher – ein kleines Videoprojekt	x	x	x	x	x	x	x	x	evtl.	x
Go Future – Unternehmen Zukunft			x	x	x	x	x			x
Identität 2.0	x	x	x	x	x	x	x		x	x
Leben im Gleichgewicht			x	x	x	x	x			x
Lebensthemen			x	x	x	x	x			x
Lebenstipps vom Dalai Lama				x	x	x	x		evtl.	
Auf den Punkt gebracht – Lebensweisheiten			x	x	x	x	x			
Nachdenkliches			x	x	x	x	x			x
Ohne Liebe geht nichts			x	x	x	x	x		evtl.	x
Rechte und Pflichten	x	x	x	x	x	x	x			
Religion – etwas zum Festhalten?!	x	x	x	x	x	x	x			x
Satzfetzen	x	x	x	x	x	x	x			
Sinnscout	x	x	x	x	x	x	x			
Stopp!				x	x	x	x			
Virtuelle Freundschaften			x	x	x	x	x			x
Was wirklich wichtig ist im Leben			x	x	x	x	x			

Abc der Menschlichkeit

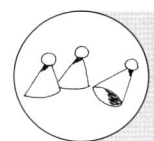 5.–10. Klasse

 45 min

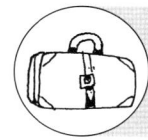 Arbeitsblatt, Stifte, Internet, Lexika / Internetzugang

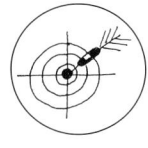 Schüler sammeln ein Vokabular der Menschlichkeit

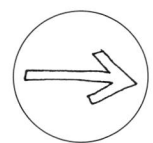 Arbeitsblatt kopieren, Lexika / Internetzugang organisieren

Jeder Schüler erhält das Abc-Arbeitsblatt. Darauf soll er möglichst viele Begriffe notieren, die etwas mit „Menschlichkeit" zu tun haben (z. B. Würde, Respekt, Mut). Die Wörter beginnen mit dem jeweiligen Buchstaben.

Die einzelnen Begriffe werden vorgestellt und unbekannte Begriffe erläutert bzw. im Lexikon / Internet recherchiert.

Wichtig ist auch die Bedeutung der so definierten Menschlichkeit für das konkrete Leben der Schüler. Das kann in einem Gespräch erarbeitet werden.

- Die Erarbeitung geschieht in Partner- oder Gruppenarbeit.
- Im Plenum einigt man sich auf die wichtigsten Begriffe der Menschlichkeit.
- Aus den persönlichen Arbeiten wird ein Plakat entwickelt, auf dem das Abc der Menschlichkeit kreativ entfaltet wird.

- Fündig werden die Schüler sicher auf der Seite von Amnesty International http://www.amnesty.de/
- Die „Allgemeine Erklärung der Menschenrechte" der Vereinten Nationen

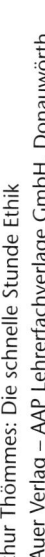Arthur Thömmes: Die schnelle Stunde Ethik
© Auer Verlag – AAP Lehrerfachverlage GmbH, Donauwörth

Abc der Menschlichkeit

Viele Menschen auf der ganzen Welt träumen davon, dass die Welt ein wenig menschlicher wird. Sie meinen damit, dass die Menschen friedlich, respektvoll und hilfsbereit sind. Das kann im Großen und im Kleinen geschehen. Schreibe in der folgenden alphabetischen Liste zu jedem Buchstaben einen Begriff, der diese Menschlichkeit ausdrückt.

Dabei ist es wichtig, dass du auch weißt, was diese Wörter bedeuten, denn du sollst sie anschließend kurz erklären.

A _____

B _____

C _____

D _____

E _____

F _____

G _____

H _____

I _____

J _____

K _____

L _____

M _____

N _____

O _____

P _____

Q _____

R _____

S _____

T _____

U _____

V _____

W _____

X _____

Y _____

Z _____

Achtsamkeitstraining

7.–10. Klasse

90 min

Arbeitsblätter, Stifte

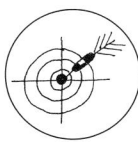

- Einführung in das Thema Achtsamkeit
- Ruhe und Konzentration einüben

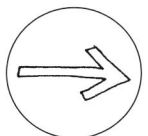

- Arbeitsblätter kopieren
- eine Wegstrecke vorbereiten
- Absprache mit der Schulleitung, dass sich die Schüler frei im Gebäude und auf dem Schulgelände bewegen

Der Lehrer erzählt als Einstieg die Geschichte von dem weisen Mann. Im Gespräch erarbeiten die Schüler deren Bedeutung. Der Text zum Thema Achtsamkeit wird in Einzelarbeit gelesen. In Partnerarbeit wird das Thema nochmals besprochen. Fragen werden im Plenum geklärt.

Der Lehrer erläutert die Achtsamkeitsübung. Anschließend probieren die Schüler das achtsame Gehen aus. Dabei wird die genaue Zeit der Rückkehr festgelegt und auf Verhaltensregeln (Ruhe) hingewiesen. Nach der Rückkehr in den Klassenraum notieren die Schüler ihre Erfahrungen, die im Plenum behutsam angesprochen werden.

Die Besprechungsphase wird intensiviert und die Schüler werden eingeladen, den Impuls zur Achtsamkeit freiwillig zu Hause umzusetzen.

Bei der Durchführung dieser Übung ist eine gewisse Disziplin unerlässlich. Unruhige Klassen sind daher eher ungeeignet. Falls mehrere Vertretungsstunden geplant sind, kann durch eine Hinführung zur Ruhe und Konzentration die Übung schrittweise vorbereitet werden.

Arthur Thömmes: Die schnelle Stunde Ethik
© Auer Verlag – AAP Lehrerfachverlage GmbH, Donauwörth

Achtsamkeitstraining

 Lies die beiden Arbeitsblätter genau durch. Unterhaltet euch zu zweit darüber, ob die Geschichte und die Informationen zur Achtsamkeit euer Leben betrifft und was dies bedeuten könnte.

Eine alte Geschichte berichtet von einem weisen Mann,
der von den Menschen gefragt wurde, wie er trotz der Hektik
dieser Welt so ruhig sein könnte.
Darauf antwortete er:

„Wenn ich stehe, dann stehe ich.
Wenn ich gehe, dann gehe ich.
Wenn ich sitze, dann sitze ich.
Wenn ich esse, dann esse ich.
Wenn ich spreche, dann spreche ich."

Da sagten die Fragesteller:
„Das tun wir auch, aber was machst du anders?"

Er wiederholte, was er bereits gesagt hatte:
„Wenn ich stehe, dann stehe ich.
Wenn ich gehe, dann gehe ich.
Wenn ich sitze, dann sitze ich.
Wenn ich esse, dann esse ich.
Wenn ich spreche, dann spreche ich."

Wieder sagten die Menschen: „Das tun wir doch auch!"

Er aber antwortete:
„Nein, ihr macht es anders:
Wenn ihr steht, dann geht ihr schon.
Wenn ihr geht, dann lauft ihr schon.
Wenn ihr lauft, dann seid ihr schon am Ziel."

Achtsamkeit ist eine geistige Grundhaltung, die meine innere Einstellung zu einem intensiven und bewussten Leben ausdrückt. Das Herzstück der Achtsamkeit ist das reine Beobachten, das offene, nicht urteilende Gewahrsein von Augenblick zu Augenblick.
Sie hat ihre Wurzeln im Buddhismus.

Übung: Achtsames Gehen

Die vier Bausteine der Achtsamkeit:

1. Die **bewusste Lenkung** der Aufmerksamkeit und Konzentration auf die eigenen körperlichen und geistigen Vorgänge (Körperempfindungen, Atmung, Gefühle, Stimmungen, Gedanken, innere Bilder, sehen, hören, riechen, …).
   Übung: Konzentriere dich eine längere Zeit auf eine Sache, die du gerade wahrnimmst!

2. **Gegenwärtigkeit:** Das Leben spielt sich gerade jetzt in diesem Moment ab. Achtsamkeit bedeutet dann ein intensives Erleben für jeden einzelnen Augenblick des Lebens, der sich ständig ändert. Die Aufmerksamkeit ist auf den gegenwärtigen Moment gerichtet.
   Übung: Konzentriere dich auf einen Gedanken, der dir gerade wichtig ist, und schweife nicht ab in die Vergangenheit oder in die Zukunft!

3. **Wohlwollende Akzeptanz:** Es geht um die unvoreingenommene, offene und liebevolle Wahrnehmung ohne Bewertung durch Gefühle, Willen oder Denken. Ich bewerte meine Gedanken nicht, sondern akzeptiere die Dinge so, wie sie sind. Das gerade Erlebte wird akzeptiert, ohne zu kritisieren, zu urteilen, ohne es anders haben zu wollen oder handelnd einzugreifen. Die Muster von Bewertung und Vermeidung werden abgestellt. Durch genaues Beobachten und wohlwollendes Interesse lerne ich zu verstehen und zu akzeptieren. Es entwickeln sich Mitgefühl und liebevolle Güte.

4. Der **innere Beobachter** soll sich beim Achtsamkeitstraining entwickeln. Das Beobachten selbst steht im Vordergrund, während das Beobachtete selbst in den Hintergrund tritt. Es handelt sich um ein teilhabendes Beobachten, wobei aber auch eine gleichzeitige Distanz zum Erlebten entsteht.

Du bist dazu eingeladen, einen achtsamen Gang zu unternehmen. Achte dabei auf deinen Atem und den Rhythmus des Gehens. Vereinbart eine Zeit.
Setze dich nach der Rückkehr hin und überdenke deine Erfahrungen mit dem achtsamen Gehen. Was ist dir aufgefallen und was möchtest du den anderen davon mitteilen.

_____

_____

_____

_____

_____

_____

_____

_____

Arthur Thömmes: Die schnelle Stunde Ethik
© Auer Verlag – AAP Lehrerfachverlage GmbH, Donauwörth

Beziehungskiste

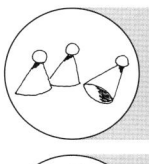 8.–10. Klasse

 45 min

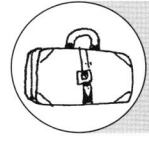 Arbeitsblatt, Stifte

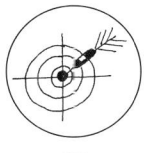 das Wesentliche einer partnerschaftlichen Beziehung benennen

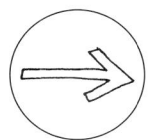 Arbeitsblatt kopieren

Viele Partnerschaften zerbrechen, weil die Partner unterschiedliche Vorstellungen vom Wesen einer partnerschaftlichen Beziehung haben. Das erleben auch Kinder und Jugendliche hautnah. Die Eltern sind das erste Modell einer gelingenden oder zerbrochenen Beziehung. Die Schüler erhalten die Liste und wählen in Einzel- oder Partnerarbeit fünf Begriffe aus, die für das Gelingen einer guten Partnerschaft besonders wichtig sind. In einem anschließenden Gespräch stellen sie sich ihre Auswahl vor und begründen diese.

 Eine Kiste steht symbolisch in der Mitte. Die Schüler schneiden die gewählten Begriffe aus und werfen sie dort hinein. Die Beziehungskiste wird ausgeschüttet und die Auswahl vorgestellt und besprochen.

 Da die persönlichen Erfahrungen der Schüler bei diesem Thema sehr unterschiedlich sind, ist eine behutsame Gesprächsführung unerlässlich.

Arthur Thömmes: Die schnelle Stunde Ethik
© Auer Verlag – AAP Lehrerfachverlage GmbH, Donauwörth

Beziehungskiste

 Wähle fünf der Dinge / Eigenschaften aus, die deiner Meinung nach für eine gute und gelingende Partnerschaft wichtig sind. Welche fünf sind eher hinderlich?

☐	Treue	☐	gepflegte Erscheinung
☐	feste Grundsätze	☐	Sicherheit
☐	Attraktivität	☐	sicheres Auftreten
☐	Kritikfähigkeit	☐	Freiheit
☐	gute Gespräche	☐	Zärtlichkeit
☐	offen seine Meinung sagen	☐	sich in den anderen einfühlen können
☐	zuhören können	☐	Vertrauen
☐	alles gemeinsam machen	☐	Toleranz
☐	Verantwortung	☐	gemeinsam in die Zukunft schauen
☐	Lust	☐	Eifersucht
☐	gemeinsame Interessen	☐	Verzicht
☐	gutes Aussehen	☐	Schwächen zugeben können
☐	verzeihen können	☐	Rücksicht
☐	Verhütung	☐	gemeinsame Freunde
☐	Entspannung	☐	Nähe und Distanz
☐	fair streiten können	☐	Halt
☐	Geld	☐	Unabhängigkeit
☐	Neid	☐	Liebe

Arthur Thömmes: Die schnelle Stunde Ethik
© Auer Verlag – AAP Lehrerfachverlage GmbH, Donauwörth

Bildung kann die Welt verändern

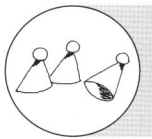 7.–10. Klasse

 45–90 min

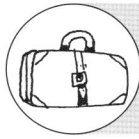 Arbeitsblatt, Stifte

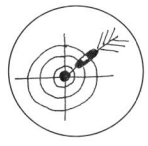
- Auseinandersetzung mit der Bedeutung von Bildung
- Nachdenken über die Rolle von Kindern und Jugendlichen in unserer Gesellschaft

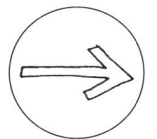 Arbeitsblatt kopieren

Angeregt durch das Arbeitsblatt diskutieren die Schüler die Bedeutung von Bildung für sie persönlich und für die Gesellschaft. Wer setzt sich ein für die Rechte von Kindern und Jugendlichen?
Jeder Schüler erarbeitet eine kurze persönliche Rede, in der er das Thema Bildung, aber auch eine andere Forderung (z.B. Armut, Freizeit, Jugendarbeit) thematisiert. Im Mittelpunkt steht dabei die Situation von Kindern und Jugendlichen. Freiwillig können die Reden vorgetragen werden.

 Die Schüler gestalten gemeinsam ein „Alphabet der guten Schule".

 Im Rahmen der Leitbilddiskussion an den Schulen könnte eine solche Unterrichtsstunde – auch wenn es sich nur um eine Vertretungsstunde handelt – wichtige Impulse setzen.

Bildung kann die Welt verändern

„Eine Schule, ein Buch, ein Kind und ein Stift können die Welt verändern"

Von den Medien wurde sie als das „mutigste Mädchen der Welt" bezeichnet. Sie heißt Malala Yousafzai, wohnt in Pakistan und hielt als 16-Jährige vor der Jugendversammlung der Vereinten Nationen in New York eine beeindruckende Rede. Sie hatte sich für Schulbildung für Mädchen eingesetzt, ein Menschenrecht, das die Fundamentalisten ablehnen. Deshalb versuchten die Taliban, sie am 9. Oktober 2012 durch Schüsse in Kopf und Nacken zu ermorden. Sie wurde lebensgefährlich verletzt und überlebte wie durch ein Wunder.

„Nur meine Schwäche, meine Angst sind damals gestorben. Aber meine Hoffnung und mein Mut sind durch den Anschlag erst richtig zum Leben erweckt worden", sagte die junge Heldin. Sie kämpft für mehr Rechte für Frauen und Mädchen und wurde 2013 als bislang Jüngste für den Friedensnobelpreis nominiert.

Weltweit haben einem UN-Bericht zufolge 57 Millionen Kinder und Jugendliche keinen Zugang zu Bildung. Etwa die Hälfte lebt in Krisen- und Konfliktregionen.

Vor mehr als 1000 Jugendlichen aus über 100 Nationen sagte sie einen wichtigen Satz, den alle Menschen auf der Welt ganz ernst nehmen sollten. Denn er könnte die Welt verändern: „Ich bin heute hier, weil ich eine Schulbildung fordere für jedes Kind. Eine Schule, ein Buch, ein Kind und ein Stift können die Welt verändern."

Wie würde deine persönliche Rede ausfallen? Wie lauten deine Forderungen für die Kinder und Jugendlichen in unserem Land?

Notizen und Stichworte:

_____

_____

_____

_____

_____

_____

_____

_____

Arthur Thömmes: Die schnelle Stunde Ethik
© Auer Verlag – AAP Lehrerfachverlage GmbH, Donauwörth

Chill mal dein Leben!

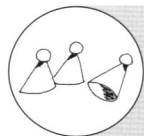
7.–10. Klasse

45–90 min

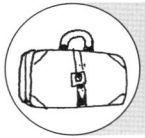
Arbeitsblatt, Stifte, leere Blätter

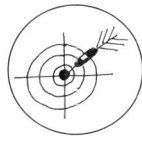
- kreative Reflexion persönlicher Lebenswege
- Selbsterfahrung

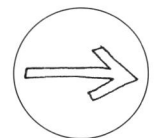
Arbeitsblatt kopieren

Die Schüler werden zunächst mithilfe des Arbeitsblattes auf das Thema eingestimmt. Dabei sollen sie vor allem den Blick auf ihr bisheriges Leben richten, mit allen Höhen und Tiefen. Der Arbeitsauftrag besteht darin, eine Lebenslandkarte zu malen, auf der das eigene Leben dargestellt wird. Dazu werden die Symbole erläutert und erweitert. Jeder Schüler malt in Ruhe sein Bild. Die Ergebnisse werden aufgehängt, in Ruhe betrachtet und evtl. besprochen.

Mehrere Schüler entwerfen gemeinsam eine Lebenskarte, wobei die Unterschiede farblich verdeutlicht werden können.

Damit sehr persönliche und individuelle Bilder entstehen können, sind der künstlerischen Entfaltung keine Grenzen gesetzt.

Arthur Thömmes: Die schnelle Stunde Ethik
© Auer Verlag – AAP Lehrerfachverlage GmbH, Donauwörth

Chill mal dein Leben!

Mal ehrlich: Hast du einen Plan von deinem Leben? Sicher denkst du manchmal darüber nach, welchen Sinn das alles hat: Wo komme ich her? Wo will ich eigentlich hin? Bin ich bisher den richtigen Weg gegangen? Und: War das wirklich schon alles? Oder kommt noch etwas ganz Besonderes?

Das sind schwierige Fragen, auf die du nicht sofort eine Antwort finden wirst. Die folgende Übung soll dir dabei helfen.
Stell dir vor, dein Leben ist wie eine Landkarte, auf der die Spuren deines Lebens aufgezeichnet sind.

 Zeichne auf ein extra Blatt deine Lebenslandkarte. Überlege dir dabei zunächst Symbole, mit denen du die Besonderheiten markierst. Ergänze die Liste.

Gebirge (Höhepunkte)

Tal (tiefer Fall)

Parkplatz (Ruhezeiten)

Sackgasse (Ausweglosigkeit)

Schlucht (Gefahr)

Grenze (Übergang in eine neue Lebensphase)

Kreuzung (Entscheidungen treffen)

„Leben lässt sich nur rückwärts verstehen,
man muss es aber vorwärts leben."

Arthur Thömmes: Die schnelle Stunde Ethik
© Auer Verlag – AAP Lehrerfachverlage GmbH, Donauwörth

Damals war alles besser!

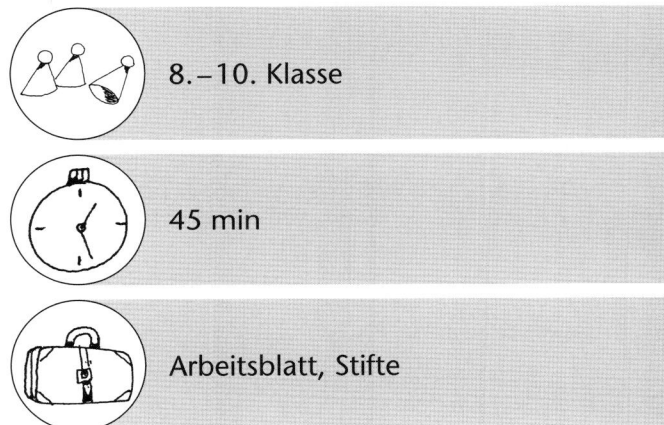

8.–10. Klasse

45 min

Arbeitsblatt, Stifte

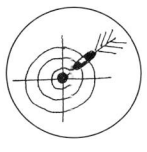

Auseinandersetzung mit dem eigenen Lebensstil und der Erziehung

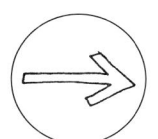

Arbeitsblatt kopieren

Der nachfolgende Text will die junge Generation von heute provozieren und zur Reaktion herausfordern. Entsprechend kann die Lehrperson den Text vortragen. Nach einer kurzen Besprechung und der Klärung von Fragen schreiben die Schüler einen Antwortbrief. Dabei kann ein ganz anderes Bild der heutigen Jugend vorgestellt werden. Den damaligen Lebensrealitäten und Erziehungspraktiken kann aber auch durchaus zugestimmt werden. Die Schüler präsentieren ihre Briefe vor dem Plenum.

- Der Text wird besprochen und diskutiert.
- Die Schüler erzählen Geschichten aus der Kindheit, die sie von ihren Eltern oder Großeltern erfahren haben.

Es geht bei diesem Thema nicht um richtig oder falsch, sondern um ein kritisches Hinterfragen von Lebensweisen und Erziehungspraktiken.

Arthur Thömmes: Die schnelle Stunde Ethik
© Auer Verlag – AAP Lehrerfachverlage GmbH, Donauwörth

Damals war alles besser!

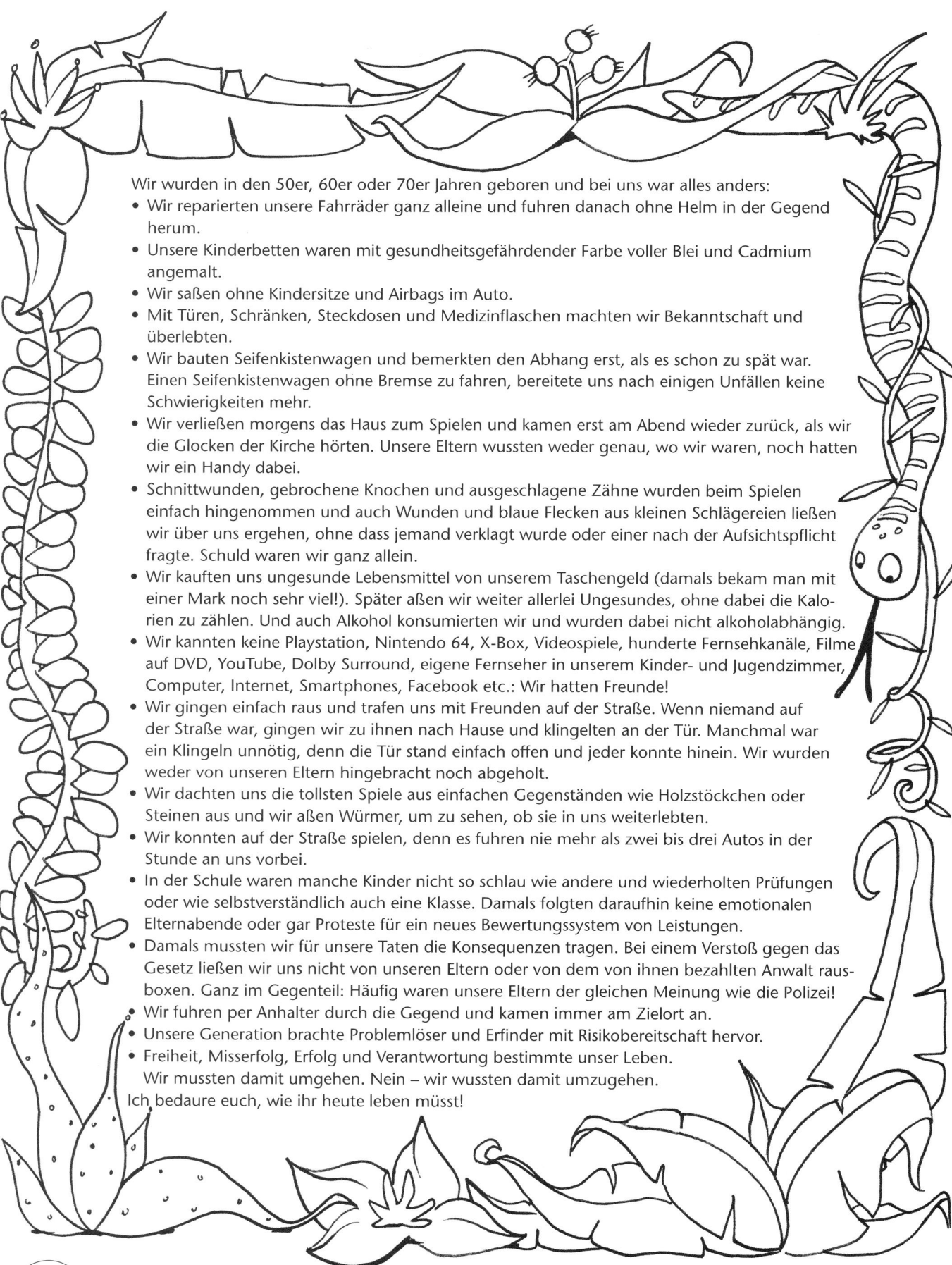

Wir wurden in den 50er, 60er oder 70er Jahren geboren und bei uns war alles anders:

- Wir reparierten unsere Fahrräder ganz alleine und fuhren danach ohne Helm in der Gegend herum.
- Unsere Kinderbetten waren mit gesundheitsgefährdender Farbe voller Blei und Cadmium angemalt.
- Wir saßen ohne Kindersitze und Airbags im Auto.
- Mit Türen, Schränken, Steckdosen und Medizinflaschen machten wir Bekanntschaft und überlebten.
- Wir bauten Seifenkistenwagen und bemerkten den Abhang erst, als es schon zu spät war. Einen Seifenkistenwagen ohne Bremse zu fahren, bereitete uns nach einigen Unfällen keine Schwierigkeiten mehr.
- Wir verließen morgens das Haus zum Spielen und kamen erst am Abend wieder zurück, als wir die Glocken der Kirche hörten. Unsere Eltern wussten weder genau, wo wir waren, noch hatten wir ein Handy dabei.
- Schnittwunden, gebrochene Knochen und ausgeschlagene Zähne wurden beim Spielen einfach hingenommen und auch Wunden und blaue Flecken aus kleinen Schlägereien ließen wir über uns ergehen, ohne dass jemand verklagt wurde oder einer nach der Aufsichtspflicht fragte. Schuld waren wir ganz allein.
- Wir kauften uns ungesunde Lebensmittel von unserem Taschengeld (damals bekam man mit einer Mark noch sehr viel!). Später aßen wir weiter allerlei Ungesundes, ohne dabei die Kalorien zu zählen. Und auch Alkohol konsumierten wir und wurden dabei nicht alkoholabhängig.
- Wir kannten keine Playstation, Nintendo 64, X-Box, Videospiele, hunderte Fernsehkanäle, Filme auf DVD, YouTube, Dolby Surround, eigene Fernseher in unserem Kinder- und Jugendzimmer, Computer, Internet, Smartphones, Facebook etc.: Wir hatten Freunde!
- Wir gingen einfach raus und trafen uns mit Freunden auf der Straße. Wenn niemand auf der Straße war, gingen wir zu ihnen nach Hause und klingelten an der Tür. Manchmal war ein Klingeln unnötig, denn die Tür stand einfach offen und jeder konnte hinein. Wir wurden weder von unseren Eltern hingebracht noch abgeholt.
- Wir dachten uns die tollsten Spiele aus einfachen Gegenständen wie Holzstöckchen oder Steinen aus und wir aßen Würmer, um zu sehen, ob sie in uns weiterlebten.
- Wir konnten auf der Straße spielen, denn es fuhren nie mehr als zwei bis drei Autos in der Stunde an uns vorbei.
- In der Schule waren manche Kinder nicht so schlau wie andere und wiederholten Prüfungen oder wie selbstverständlich auch eine Klasse. Damals folgten daraufhin keine emotionalen Elternabende oder gar Proteste für ein neues Bewertungssystem von Leistungen.
- Damals mussten wir für unsere Taten die Konsequenzen tragen. Bei einem Verstoß gegen das Gesetz ließen wir uns nicht von unseren Eltern oder von dem von ihnen bezahlten Anwalt rausboxen. Ganz im Gegenteil: Häufig waren unsere Eltern der gleichen Meinung wie die Polizei!
- Wir fuhren per Anhalter durch die Gegend und kamen immer am Zielort an.
- Unsere Generation brachte Problemlöser und Erfinder mit Risikobereitschaft hervor.
- Freiheit, Misserfolg, Erfolg und Verantwortung bestimmte unser Leben.
  Wir mussten damit umgehen. Nein – wir wussten damit umzugehen.

Ich bedaure euch, wie ihr heute leben müsst!

Antworte dem Verfasser alles Textes mit einem Brief, in dem du Position zu seinen Aussagen beziehst. Du kannst dabei nur für dich oder für deine Generation sprechen.

Arthur Thömmes: Die schnelle Stunde Ethik
© Auer Verlag – AAP Lehrerfachverlage GmbH, Donauwörth

Der Kompass meines Lebens

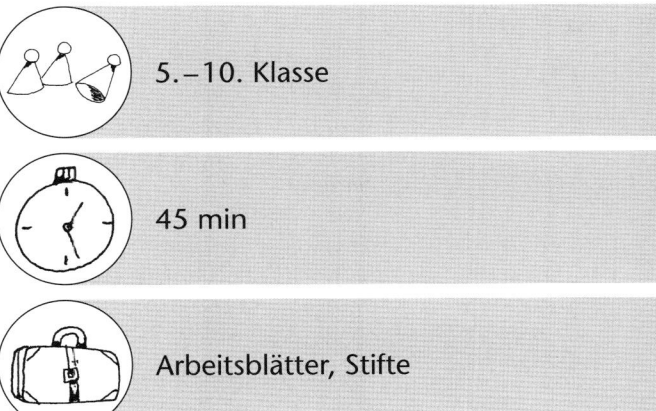

5.–10. Klasse

45 min

Arbeitsblätter, Stifte

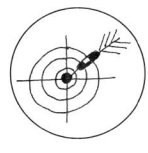

Orientierungshilfen für das eigene Leben benennen

Arbeitsblätter kopieren

Der Kompass war zu früheren Zeiten besonders für die Seefahrt ein wichtiges Instrument, um das richtige Ziel zu finden. Er zeigt nicht den genauen Weg, sondern nur die Richtung (Süden, Westen, Osten, Norden), in die der Weg führen soll. Die Schüler sollen überlegen, wie die Orientierungsziele ihres Lebens lauten (z. B. Erfolg, Zufriedenheit, Familie) und den Kompass entsprechend beschriften. Die Ergebnisse werden präsentiert und evtl. besprochen.

Der Kompass wird auf ein Plakat gemalt, auf das die Einzelergebnisse übertragen werden.

Durch lebensnahe Beispiele kann der Lehrer die Schüler bei der Erarbeitung unterstützen. Dabei kann eine persönliche Orientierung besonders motivieren.

Arthur Thömmes: Die schnelle Stunde Ethik
© Auer Verlag – AAP Lehrerfachverlage GmbH, Donauwörth

Der Kompass meines Lebens

Wer zeigt dir in deinem Leben die richtige Richtung?

Wer hilft dir, wenn du eine Entscheidung treffen musst?

Jeder Mensch hat so etwas wie einen ganz persönlichen Kompass, der ihm Orientierung gibt, um die gesuchte Richtung zu finden. Dieser Kompass wird durch die Erziehung, aber auch durch unsere Persönlichkeitsentwicklung programmiert. Auf dem Lebenskompass stehen keine „Himmelsrichtungen", sondern andere Angaben, die dich leiten.

Darauf könnte etwa stehen:

Ich lasse mir nichts bieten!
Ich kenne keine Schuld!
Ich mache, was ich will!
Ich kenne keine Grenzen!

Ich achte darauf, niemanden zu verletzen!
Ich habe Respekt vor jedem Menschen!
Ich helfe, wo man mich braucht!
Ich rede gut über die Menschen!

Arthur Thömmes: Die schnelle Stunde Ethik
© Auer Verlag – AAP Lehrerfachverlage GmbH, Donauwörth

Der Kompass meines Lebens

 Beschrifte den vorliegenden Kompass mit deinen wichtigen Orientierungen.

Entscheide dich – eine Dilemmageschichte

8.–10. Klasse

45–90 min

Arbeitsblatt, Stifte, Kopie Placemat (DIN A3)

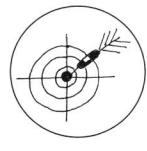

Problemlösung in schwierigen Entscheidungssituationen einüben

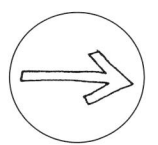

Arbeitsblatt und Placemat (DIN A3) kopieren

Der Lehrer führt zunächst in das Thema Dilemma ein. Im Gespräch werden unterschiedliche Dilemmasituationen vorgestellt und der Prozess der Entscheidungsfindung wird erläutert. In Gruppenarbeit werden verschiedene Geschichten erarbeitet, die untereinander ausgetauscht werden. Jede Gruppe erarbeitet eine Problemlösung mithilfe der Placemat-Methode. Die Ergebnisse werden im Plenum vorgestellt und (kontrovers) diskutiert.

Für die anschauliche Aufarbeitung sind spielerische Elemente gut geeignet. So können Entscheidungsprozesse etwa in einem Dialog vorgestellt werden. Wichtig sind dabei die Beobachtungsaufgaben.

Eine Einführung in das Thema Dilemma ist eine wichtige Grundlage für die Auseinandersetzung der Schüler.

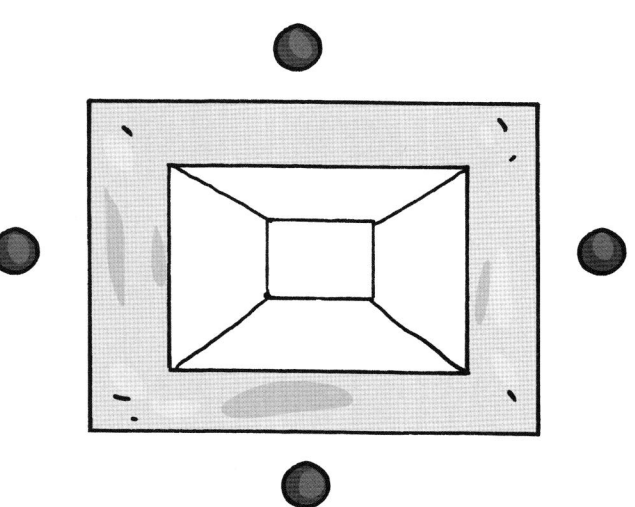

Arthur Thömmes: Die schnelle Stunde Ethik
© Auer Verlag – AAP Lehrerfachverlage GmbH, Donauwörth

Entscheide dich – eine Dilemmageschichte

Du kennst die Situation, die dich fast in den Wahnsinn treibt. Du musst eine Entscheidung zwischen zwei Möglichkeiten treffen. Und zwar sofort. Die Situation erscheint zunächst ausweglos. Doch du musst abwägen und eine vernünftige Lösung des Problems finden.

Formuliert in einer Viererngruppe eine erfundene Geschichte, in der eine Entscheidung getroffen werden muss, die die Betroffenen vor ein Dilemma stellt. Die Geschichte sollte realistisch sein und in eurem Leben vorkommen können.

Beispiel:
Du fährst mit deinem Fahrrad eine ältere Dame um und flüchtest zunächst. Nach einem Moment der Besinnung kehrst du aber dann wieder an den Unfallort zurück, um zu helfen. Das Unfallopfer glaubt jedoch, dass ein Fremder anhält, um zu helfen. Was tust du?

- Setzt euch nun in Viererngruppen jeweils um einen Tisch. Die Dilemmageschichten werden untereinander ausgetauscht.
- Besprecht mithilfe des Placemat die Situation und die unterschiedlichen Handlungsmöglichkeiten. Dabei schreibt jeder zunächst seine Argumente auf seine Schreibfläche. Das Blatt wird gedreht, sodass jeder die Position der anderen lesen und kommentieren kann.
- Spielt in Gedanken die verschiedenen Vorschläge und Konsequenzen durch. Trefft eine gemeinsame Entscheidung und notiert diese in der Mitte. Wichtig ist, dass ihr eure Entscheidung mit Argumenten begründet.
- Präsentiert und diskutiert die Ergebnisse im Plenum.

Unser Dilemma: _____

_____

Arthur Thömmes: Die schnelle Stunde Ethik
© Auer Verlag – AAP Lehrerfachverlage GmbH, Donauwörth

Ethikquiz

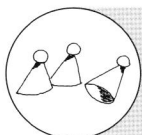 5.–10. Klasse

 45–90 min

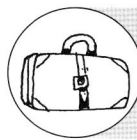 Arbeitsblätter, Stifte, Scheren, Folien, Folienstifte

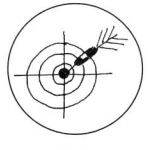 spielerische Auseinandersetzung mit ethischen Themen

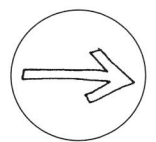 Arbeitsblätter kopieren (Ausschneiden der Begriffskarten evtl. durch Schüler)

Zwei Gruppen treten gegeneinander an, um vorgegebene Begriffe aus der Welt der Ethik darzustellen und zu erraten. Dabei sollen die Hilfestellungen möglichst kreativ und anschaulich sein, um die Begriffe zu erläutern (Montagsmaler, Pantomime, Umschreibung).

 Es werden zwei Gruppen gebildet. Die Begriffe werden jeweils einer Person auf den Rücken geheftet. Durch Fragen an die gegnerische Gruppe soll diese Person den Begriff erraten. Ihre Gruppe kann sie dabei unterstützen, indem sie auch Fragen stellt.
Bei einem größeren Zeitrahmen können die Begriffe nach dem Spiel durch Recherche tiefer erarbeitet werden.

 Durch vorherige Auswahl und Ergänzung der Karten kann der Schwierigkeitsgrad der jeweiligen Klassenstufe angepasst werden.

Arthur Thömmes: Die schnelle Stunde Ethik
© Auer Verlag – AAP Lehrerfachverlage GmbH, Donauwörth

Ethikquiz

Es geht bei diesem Spiel um die Welt der Ethik. Dazu findet ihr hier eine Sammlung von Begriffen. Schneidet sie zunächst aus, mischt die Kärtchen und legt sie verdeckt auf einem Tisch aus. Zwei Teams treten gegeneinander an. Ein Teammitglied der ersten Gruppe zieht eine Karte mit einem Begriff, den die anderen Gruppenmitglieder raten müssen. Dabei kann er verschiedene Hilfen geben:
- Zeichnen auf einer Folie
- pantomimische Darstellung
- Umschreibung mit Worten (*„Ich bin …"*)

Und hier die ethischen Begriffe:

Aggression	Frieden	Jugend
Alter	Gemeinschaft	Kindheit
Anstand	Gerechtigkeit	Kompromiss
Arbeit	Gewissen	Konflikt
Armut	Glaube	Korruption
Ehre	Gleichberechtigung	Lebensschutz
Erkenntnis	Glück	Liebe
Erwachsenwerden	Grenzen	Lüge
Freiheit	Hospiz	Manipulation
Freundschaft	Idole	Medien

Ethikquiz

Mensch	Schöpfung	Verantwortung
Menschenrechte	Schuld	Vertrauen
Mobbing	Sexualität	Vorurteil
Moral	Sinn	Wahrheit
Normen	Solidarität	Weltreligionen
Organspende	Sterbehilfe	Werte
Regeln	Sterben	Wohlstand
Reichtum	Technik	Würde
Religion	Tod	Zeit
Respekt	Toleranz	Zivilcourage
Reue	Treue	Zukunft
Riten	Umwelt	Zuwanderung

Arthur Thömmes: Die schnelle Stunde Ethik
© Auer Verlag – AAP Lehrerfachverlage GmbH, Donauwörth

Ethisch korrektes Konsum-verhalten

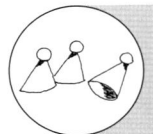 7.–10. Klasse

 45–90 min

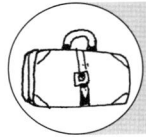 Arbeitsblatt, Stifte, Internet-zugang, Fachbücher

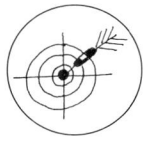 thematische und persönliche Auseinandersetzung mit ethisch korrektem Verhalten

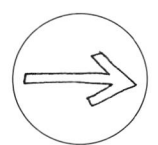 Arbeitsblatt kopieren, Internetzugang organisieren

In Einzel- oder Partnerarbeit sollen die Schüler sich mit einem ethisch korrekten Konsumverhalten auseinandersetzen. Nach einer thematischen Einführung (Impulsfragen) und Besprechung recherchieren die Schüler im Internet (siehe Linkhinweise). Als Handlungsprodukt erstellen sie Tipps für einen kritischen und ethisch korrekten Konsum. Diese werden am Ende der Stunde präsentiert und evtl. besprochen.

 Es werden verschiedene Projektgruppen mit unterschiedlichen Aufgaben gebildet:
1. Recherche, 2. Interviews, 3. Fotos

 Natürlich ist es auch Ziel der Unterrichtsstunde, das persönliche Konsumverhalten kritisch zu hinterfragen.

Ethisch korrektes Konsumverhalten

Viele Menschen in unserer Gesellschaft leben im Überfluss. Es wird rund um die Uhr konsumiert: Kleidung, Ernährung, Technik, Kosmetik, …

Einige kritische Fragen sollen dich zur Auseinandersetzung mit dem Thema anregen:

- Dürfen wir um jeden Preis konsumieren?
- Wo kommen meine Konsumgüter her?
- Unter welchen Bedingungen werden sie produziert?
- Sind die Arbeitszeiten und Löhne gerecht?
- Wäre ich bereit, einen höheren Preis zu zahlen für Produkte, die unter ethisch korrekten Bedingungen hergestellt werden?
- Weiß ich die Produkte, die ich nutze, zu schätzen?
- Ist die Produktion umweltfreundlich?
- Werden die Produkte fair gehandelt?
- Brauche ich das Produkt, das ich mir kaufen will, wirklich?
- …

Ethisch korrekter Konsum bezeichnet ein Verhalten, bei dem die Verbraucher und Konsumenten Wert auf umweltgerechte und sozial verträgliche Kriterien legen.

Auf den folgenden Internetseiten findest du Informationen und Anregungen:

- www.kritischerkonsum.de (Kritischer Konsum)
- http://www.utopia.de/ (Ethisch gute Produkte, Ratgeber und Unternehmen finden)
- www.fairtrade-schools.de/ (Schulen engagieren sich für fairen Handel)
- www.fairtrade-deutschland.de/ (Strategie zur Armutsbekämpfung)
- www.fair4you-online.de/ (Bewusster Konsum und Fairer Handel)
- www.weltbewusst.org/ (Konsum und Globalisierung)
- www.going-green.info/ (Ein Jugendbildungsprojekt zum Umwelt- und Ressourcenschutz)
- www.saubere-kleidung.de/ (Kampagne für ethisch saubere Kleidung)
- makeitfair.org/de (Ökosoziales Wirtschaften in der Elektronikindustrie)
- www.oeko-fair.de/ (Internetportal zum öko-fairen Handel(n))
- konsumpf.de/ (Forum für kreative Konsumkritik)

Schreibe hier deine Tipps für einen kritischen und ethisch korrekten Konsum auf:

_____

_____

_____

_____

Arthur Thömmes: Die schnelle Stunde Ethik
© Auer Verlag – AAP Lehrerfachverlage GmbH, Donauwörth

Familiengeschichten

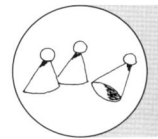
5.–10. Klasse

45–90 min

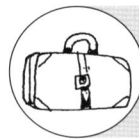
Arbeitsblatt, Stifte

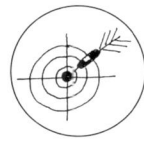

- Einüben und Förderung einer Erzählkultur
- Zuhören, wenn andere erzählen

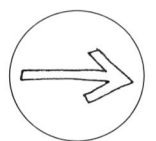

Arbeitsblatt kopieren

Im Mittelpunkt der Unterrichtsstunde stehen Geschichten aus dem Leben. Dabei werden die Schüler ermuntert, auf ihren eigenen Erzählschatz zuzugreifen und ihn miteinander zu teilen. Sie sollen auf ihre Familie blicken und zunächst überlegen, welche Geschichten sie als besonders interessant oder sogar spannend erachten. Anschließend erzählen die Schüler sich dann gegenseitig ihre Familiengeschichten – die Freiwilligkeit ist Voraussetzung.

Die Geschichten werden in Kleingruppen erzählt.

- Es kann für die Schüler anregend sein, wenn der Lehrer mit einer eigenen Familiengeschichte die Erzählrunde einleitet.
- Auch das Erzählen hat Regeln, damit es gut gelingen kann. Vor allem das Zuhören und die Konzentration werden dabei eingeübt.

Familiengeschichten

Das ganze Leben besteht aus vielen kleinen Geschichten. Wenn du dich mit deinen Freunden triffst, erzählt ihr euch gegenseitig Geschichten von Erlebnissen, Begegnungen und Erfahrungen (*„Weißt du, was mir gestern passiert ist? …"* oder *„Hast du das schon gehört?"*). Unsere Geschichten helfen uns, die Welt besser zu verstehen.

Heute seid ihr eingeladen zu einer Erzählstunde. Im Mittelpunkt stehen Geschichten über deine Familie, Geschichten, die du selbst erlebt hast, oder kurze, spannende Erzählungen (Stichwort „Alltagswahnsinn"), die du von deinen Eltern, Großeltern, Verwandten, Bekannten oder Freunden gehört hast.

 Mache dir zunächst Notizen zu deiner Geschichte.

_____

_____

_____

_____

_____

_____

_____

_____

_____

_____

_____

Setzt euch in einen Kreis und erzählt. Dabei könnt ihr die Erzählungen aus dem Leben ein wenig durch Gestik, Mimik und Stimme verstärken. Wichtig ist auch, dass ihr über die Geschichten nicht diskutiert, sie zerredet, sondern sie als solche stehen lasst.
Viel Spaß beim Nachdenken und Erzählen!

Arthur Thömmes: Die schnelle Stunde Ethik
© Auer Verlag – AAP Lehrerfachverlage GmbH, Donauwörth

Fragensteller

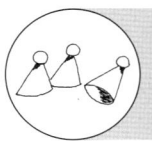
8.–10. Klasse

45–90 min

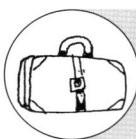
Arbeitsblatt, Stifte

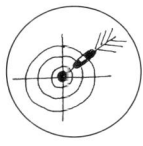
Fragen stellen

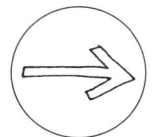
Arbeitsblatt kopieren

Im Mittelpunkt der Unterrichtsstunde stehen Fragen. Keine fertigen Fragen, sondern Fragen, die die Schüler formulieren, weil sie ihnen wichtig sind und unter den Nägeln brennen. Dabei sollen die Fragewörter einen Impuls geben. Thematisch geht es um das eigene Leben und um die Welt, die manchmal so schwierig erscheint.

Die Fragen sollen im anschließenden Gespräch nicht zerredet werden. Es werden auch keine Antworten gesucht. Treffende Fragen zu formulieren, stellt ja einen Wert an sich dar.

Impulsfragen:

Welche Fragen sind für dich die wichtigsten? Wie haben sich diese Fragen im Laufe deines Lebens geändert? Wie hat das Umfeld auf die Fragen reagiert? Welches ist momentan die Frage Nummer 1? Fragen über Fragen, die die Schüler mitnehmen können, um darüber nachzudenken oder in ihrem persönlichen Umfeld weiter nachzufragen.

Die Fragen werden in einer Fragekiste gesammelt und anschließend nach verschiedenen Kategorien geordnet.

Nach einer Hinführung in die Fragestunde kann die Lehrkraft sich mit Kommentaren oder Fragen zurückhalten. Im Mittelpunkt stehen die Schüler und ihre Fragen!

Fragensteller

Man kann den Eindruck gewinnen, dass das Leben nur aus fertigen Fragen und Antworten besteht. Das erlebst du besonders in der Schule. Doch viel wichtiger sind die Fragen, die dir auf der Seele brennen und die dich und dein Leben betreffen. Hier kannst du solche Fragen formulieren. Sammelt solche Fragen und überlegt euch, welche die wichtigsten sind und was ihr tun müsst, um eine Antwort zu erhalten. Vielleicht könnt ihr einige Fragen mitnehmen und sie Menschen stellen, denen ihr eine Antwort zutraut. Viel Erfolg dabei!

Wie viel _____

Wo _____

Wer _____

Wann _____

Was _____

Welche _____

Wozu _____

Wen _____

Warum (bin ich so wie ich bin?) _____

Wobei _____

Weswegen _____

Wie (finde ich den Sinn in meinem Leben?) _____

Wem _____

Woher _____

Wohin _____

Worauf _____

Wofür _____

Wovon (kann ich nie genug bekommen?) _____

Arthur Thömmes: Die schnelle Stunde Ethik
© Auer Verlag – AAP Lehrerfachverlage GmbH, Donauwörth

Gefühlstheater

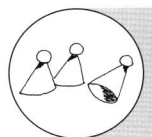
5.–10. Klasse

45–90 min

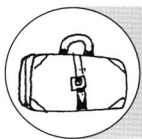
Arbeitsblätter, Stifte

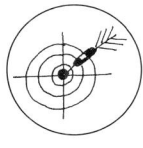
Gefühle erkennen und beschreiben

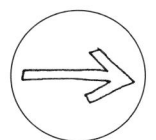
Arbeitsblätter kopieren (Ausschneiden der Gefühlswörterkarten evtl. durch Schüler)

Die Schüler werden zunächst auf das Thema „Gefühle" eingestimmt. Dazu bieten die Anregungen auf dem Arbeitsblatt (Eindenkübungen) einige Anregungen, die die Schüler auswählen können. Anschließend treten zwei Gruppen in einem darstellenden Ratequiz gegeneinander an. Die Karten enthalten Begriffe, die Gefühle – auch im weiteren Sinn – darstellen.

- Die Gefühle werden gemalt.
- Die Gefühle werden mit Worten umschrieben.
- Tabu: Es werden zu jedem Begriff vier Begriffe ausgewählt, die nicht genannt werden dürfen. Das erschwert das Quiz.

Es ist sinnvoll, auch während des Spielens durch gezielte Fragen ein Gespräch anzuregen.

Gefühlstheater

Gefühle bestimmen unser gesamtes Leben von der Kindheit bis ins hohe Alter. Unser Denken, Sprechen und Verhalten ist geprägt von der Kraft der Gefühle, die in uns sind. Deshalb muss ein Mensch lernen, Gefühle zu erkennen, anzunehmen und klug damit umzugehen.

Eindenkübungen:
- Denke an eine konkrete Situation in deinem Leben, in der das ausgewählte Gefühl sehr stark war. Was hat es mit dir gemacht? Welches Verhalten hat es ausgelöst?
- Diese zehn Gefühle mag ich am meisten!
- Diese zehn Gefühle mag ich nicht!
- Positive und negative Gefühle?

Übung:
Es treten zwei Gruppen gegeneinander an. Der erste Spieler zieht eine Gefühlskarte und stellt das Gefühl / die Befindlichkeit pantomimisch dar. Ein Teilnehmer der eigenen Gruppe versucht das dargestellte Gefühl zu erraten. Er hat drei Versuche. Es folgt die nächste Gruppe usw. Für jeden geratenen Begriff gibt es einen Punkt.

Aggression	Enttäuschung	Gleichgültigkeit
Angst	Fanatismus	Glück
Ärger	Freiheit	Hass
Begeisterung	Freude	Heimweh
Betroffenheit	Fröhlichkeit	Heiterkeit
Dankbarkeit	Frust	Hilflosigkeit
Eifersucht	Furcht	Hochmut
Einsamkeit	Furchtlosigkeit	Hoffnungslosigkeit
Ekel	Geborgenheit	Humor
Entspannung	Gelassenheit	Jammer

Arthur Thömmes: Die schnelle Stunde Ethik
© Auer Verlag – AAP Lehrerfachverlage GmbH, Donauwörth

Gefühlstheater

Klage	Scham	Verbitterung
Lampenfieber	Schmerz	Verlegenheit
Langeweile	Schuld	Verliebtsein
Leidenschaft	Sehnsucht	Vertrauen
Liebe	Sorge	Verzweiflung
Lust	Spaß	Vorfreude
Missgunst	Staunen	Wut
Mitleid	Stress	Zärtlichkeit
Mut	Sympathie	Zorn
Neid	Trauer	Zufriedenheit
Neugier	Überraschung	Zuversicht
Panik	Unbeschwertheit	Zweifel
Reue	Unglück	
Schadenfreude	Verachtung	

Generation Gummistiefel –
Gutes tun und darüber reden

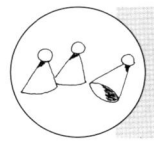 5.–10. Klasse

 45 min

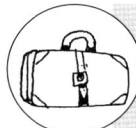 Arbeitsblätter, Stifte

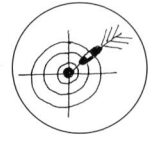
- Anregung zur persönlichen Hilfsbereitschaft
- Planung konkreter Hilfsaktionen

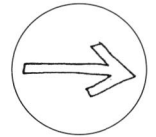
Arbeitsblätter kopieren

Nach einem einleitenden Gespräch über die Bedeutung von „guten Taten" im persönlichen Umfeld der Schüler, aber auch im Blick auf die Gesellschaft, sprechen die Schüler über konkrete Ideen. Es soll aber nicht nur beim Überlegen und Sprechen bleiben. Das Ziel ist die konkrete Tat, zu der die jungen Menschen in dieser Unterrichtsstunde Anregungen finden können.

Die Unterrichtsstunde dient als Anregung für ein Unterrichtsprojekt in einem noch nicht festgelegten Fach.

- Es handelt sich hier vor allem um eine Motivationsstunde, bei der die umgesetzten Ideen natürlich nicht später abgefragt werden. Aber vielleicht geben die Schüler freiwillig Rückmeldungen.
- Bei diesem Thema ist es wichtig, über Vorbilder guter Taten zu sprechen. Sie sind im Alltag eine wichtige Motivation.

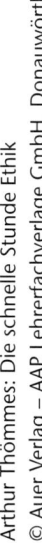 Arthur Thömmes: Die schnelle Stunde Ethik
© Auer Verlag – AAP Lehrerfachverlage GmbH, Donauwörth

Generation Gummistiefel – Gutes tun und darüber reden

Und wieder hat man einen neuen Stempel, den man der jungen Generation aufdrücken kann. Doch diesmal lässt die Nachricht aufhorchen: Aus der „Generation Facebook" wurde plötzlich die „Generation Gummistiefel". Was war passiert?

Das Hochwasser im Juli 2013 hatte viel Schaden angerichtet und ganze Landstriche, Dörfer und Städte überflutet. Manche Hochwasserbetroffene standen kurz vor einer großen persönlichen Katastrophe.

Doch da wurde eine Welle der Hilfsbereitschaft ausgelöst, und das mithilfe von Facebook, Twitter & Co. Die modernen Medien hatten dabei geholfen, Informationen auszutauschen, Hilfsangebote zu organisieren und zu koordinieren. Die Zahl der freiwilligen Helfer, die Sandsäcke schleppten oder Keller auspumpten, wuchs von Tag zu Tag. Tausende standen in langen Schlangen und packten zu. Und das konnte vor allem umgesetzt werden mit der Tatkraft vieler junger Menschen, der „Generation Gummistiefel" – ein neuer medienwirksamer Name war geboren!

Was hat es auf sich mit dieser neuen jungen Generation? Hat man sich in ihr getäuscht oder ist das alles nur ein medial inszeniertes Theater?

Oder wächst da etwa eine ganz andere Generation heran, die ein neues Wertegefühl entwickelt: Weg vom Egoismus, von Null-Bock- oder Spaßgesellschaft und hin zu Solidarität und Hilfsbereitschaft?

Ihr seid die Experten – was sagt ihr dazu?

- Unterhaltet euch zunächst gemeinsam über das Thema.
- Bildet Kleingruppen, um zu überlegen, wie ihr auch im Kleinen, an eurer Schule, in eurem Dorf oder in eurer Familie zu Helfern werden könnt.

Es ist ganz einfach, Gutes zu tun und anderen Menschen im Alltag zu helfen. Oft sind es wirklich nur ganz kleine Taten oder Aufmerksamkeiten, die das Leben anderer Menschen einfacher und lebenswerter machen.

In der folgenden Liste der guten Taten findet ihr nur einige Vorschläge. Ihr könnt sie noch ergänzen. Wichtig ist, dass ihr nicht nur darüber redet, sondern konkret damit anfangt.

Überlegt alleine oder mit mehreren, was ihr heute oder in den nächsten Tagen in die Tat umsetzen wollt. Sicher findet ihr auch die Zeit, euch darüber auszutauschen.

Vielleicht könnt ihr auch als Klasse eine gemeinsame gute Tat planen und durchführen (z. B. eine Spendenaktion).

Übrigens: Gute Taten darf man gerne weitererzählen!

Viel Erfolg dabei!

Arthur Thömmes: Die schnelle Stunde Ethik
© Auer Verlag – AAP Lehrerfachverlage GmbH, Donauwörth

Generation Gummistiefel – Gutes tun und darüber reden

Ideen für gute Taten

- Jemandem die Tür aufhalten
- Für ältere Menschen Einkäufe erledigen
- Mitschülern bei den Hausaufgaben helfen
- Das Essen mit anderen teilen
- Bild verschenken
- Im Bus für ältere Menschen aufstehen
- Müll einsammeln
- Jemandem Aufmerksamkeit schenken
- Jemandem zuhören
- Auto waschen
- Einen Brief schreiben
- Verschenken, was ich nicht mehr brauche
- Im Haushalt helfen
- Jemanden zum Lachen bringen
- Jemandem vergeben
- Ein Krankenbesuch
- Zeit verschenken
- Die Wahrheit sagen
- Ein Gedicht verschenken
- Anteilnahme zeigen
- Sich freundlich und respektvoll verhalten

- _____
- _____
- _____
- _____
- _____
- _____

© MEV Spezial, Medizin & Gesundheit, ME0130

Arthur Thömmes: Die schnelle Stunde Ethik
© Auer Verlag – AAP Lehrerfachverlage GmbH, Donauwörth

Glückssucher –
ein kleines Videoprojekt

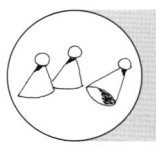 5.–10. Klasse

 45–90 min

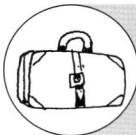 Arbeitsblatt, Stifte, Smartphones, Digitalkameras, Adapter für Speichermedien

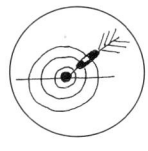 Glücksvorstellungen erfragen und dokumentieren

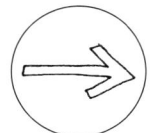 Arbeitsblatt kopieren, sich einen Überblick über die vorhandenen Aufnahmegeräte verschaffen

Die Schüler machen sich auf Spurensuche, das Glück und die Glücksvorstellungen der Menschen zu erkunden. Dazu entwickeln sie Fragen für ein Interview, das mithilfe von diversen Aufnahmegeräten (siehe oben) aufgezeichnet wird. Zunächst einigt sich jede Arbeitsgruppe auf eine Frage. Die Fragen werden im Plenum abgesprochen, evtl. korrigiert und erweitert. Jede Gruppe macht sich in einer festgelegten Zeit auf den Weg, um verschiedene Menschen zu interviewen. Dabei sollen die Statements sehr knapp sein und so aufgenommen werden, dass sie anschließend ohne Unterbrechungen abgespiet werden können. Jede Gruppe dokumentiert auf dem Arbeitsblatt ihre Arbeit. Im Plenum werden die Ergebnisse dann präsentiert und besprochen.

- Die Schüler suchen im Internet nach Songs, Bildern oder Texten, die „Glück" thematisieren.
- In einem eigens eröffneten Twitter-Konto werden die Ergebnisse der Gespräche live dokumentiert. Sie werden bei der Präsentation abgerufen.

 Da innerhalb einer begrenzten Zeitspanne viel Technik im Spiel ist, setzt dieser Stundenentwurf ein technisches Grundverständnis der Lehrkraft voraus. Machen Sie sich aber durchaus auch das Expertenwissen von Schülern zunutze!

Arthur Thömmes: Die schnelle Stunde Ethik
© Auer Verlag – AAP Lehrerfachverlage GmbH, Donauwörth

Glückssucher – ein kleines Videoprojekt

Wir Menschen sind auf der Suche nach dem Glück. Doch was genau ist damit gemeint? Die Vorstellungen vom Glück sind sehr unterschiedlich und haben mit den konkreten Lebenserfahrungen der Menschen zu tun.

In diesem kleinen Unterrichtsprojekt besteht eure Aufgabe darin, euch auf die Suche nach dem Glück zu machen und dazu Menschen zu befragen.

 Bildet zunächst kleine Arbeitsgruppen und überlegt euch eine konkrete Frage zum Thema „Glück" (z. B.: Was macht dich glücklich? Was ist Glück?). Wen wollt ihr in der knapp bemessenen Zeit befragen? Welche Technik habt ihr zur Verfügung? Beachtet dabei, dass ihr die Interviews mit Smartphone, Digitalkamera & Co. aufnehmt, der fertige Film aber nicht mehr bearbeitet werden kann. Wie soll eure Präsentation aussehen?

Unsere Gruppe:

_____

_____

Unsere Frage:

_____

Unsere Zielgruppe:

_____

Unsere Technik:

_____

Zeitlicher Rahmen: _____

Beginn der Umfrage: _____

Ende der Umfrage: _____

Besprechung: _____

Präsentation: _____

Go Future – Unternehmen Zukunft

7.–10. Klasse

45–90 min

Arbeitsblatt, Stifte

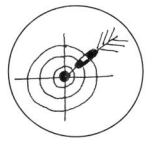
Auseinandersetzung mit der Zukunft

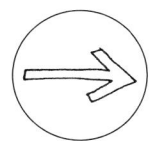
Arbeitsblatt kopieren

Die ungewisse Zukunft mit den damit verbundenen Träumen und Möglichkeiten, aber auch mit den damit verbundenen Ängsten beschäftigt Jugendliche. Die Schüler sollen sich mithilfe des Arbeitsblattes in die Zukunft hineindenken und die positiven wie negativen Aussichten ausdrücken. Das kann eine Skizze oder ein kurzer Text sein. Es sollte der Fantasie der Schüler überlassen werden. Auch die Art der Präsentation kann jeder frei wählen.

- Die Schüler gestalten nach einem Gruppengespräch zum Thema Zukunft ein gemeinsames Bild.
- Die Schüler sammeln Begriffe, die sie mit dem Thema Zukunft verbinden. Sie werden zusammengeschrieben und strukturiert (negativ, positiv, Realität, Träume usw.).

Die Unterrichtsstunde könnte u. U. eine gute Einstiegsmöglichkeit für eine Zukunftswerkstatt sein, in der die Schüler und Schülerinnen sich kreativ mit der Gestaltung von Texten, Videos, Musik oder Tanz mit der eigenen Zukunft auseinandersetzen.

Go Future – Unternehmen Zukunft

Wir leben im Hier und im Heute, doch wir haben auch eine Vergangenheit, die uns geprägt hat. Wir wissen ganz genau, dass sich die Welt verändern wird. Wenn wir uns davon nicht überraschen lassen wollen, müssen wir schon jetzt gedankliche Expeditionen in die Zukunft unternehmen.

Richte deinen Blick nun nach vorn in die Zukunft, denn das Morgen kommt schneller als du denkst. Der Gedanke daran kann dich ängstigen oder dir Freude bereiten.

Mache dazu das folgende Gedankenexperiment:

 Stelle dir vor, du kannst dich in die Zukunft beamen. Wie wird die Welt in 10, 20 oder gar 50 Jahren aussehen? Wie wirst du leben?

Welche Sichtweisen und Vorstellungen, Vorschläge und Ideen in Bezug auf die Zukunft existieren in deinem Kopf? Drücke deine Fantasien, Visionen, Utopien, Hoffnungen und Träume in ein paar Sätzen oder einer Skizze aus. Gestalte dazu die folgende Vorlage.

GO FUTURE *** GO FUTURE *** GO FUTURE *** GO FUTURE *** GO FUTURE *** GO FUTURE

GO FUTURE *** GO FUTURE *** GO FUTURE *** GO FUTURE *** GO FUTURE *** GO FUTURE

Arthur Thömmes: Die schnelle Stunde Ethik
© Auer Verlag – AAP Lehrerfachverlage GmbH, Donauwörth

Identität 2.0

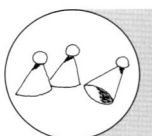 5.–10. Klasse

 45–90 min

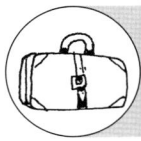 Arbeitsblatt, Stifte, Internetzugang

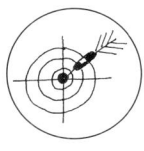 Medienkompetenz

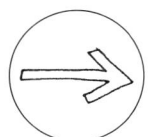 Arbeitsblatt kopieren, Internetzugang organisieren

Die Schüler recherchieren im Internet, welche Informationen über sie dort verbreitet sind. Das können soziale Netzwerke sein, aber auch Videos oder Fotos. Im Gespräch können sich die Schüler gegenseitig Recherchetipps geben (Wo suche ich?). Über die Ergebnisse tauschen sie sich in Kleingruppen aus. Als persönliche Erkenntnis bzw. Tipp formulieren sie einen Satz auf dem Arbeitsblatt. Diese Sätze werden im Plenum vorgestellt und ausgetauscht.

 Es werden Tipps formuliert, zusammengestellt und gut sichtbar im Klassenraum oder im Schulgebäude ausgehängt.

 Die Schüler sollen sich bei dieser Erkundungsstunde bewusst werden, wie sie sich sinnvoll im Internet bewegen können, ohne ihre Privatsphäre zu verletzen oder zu gefährden.

Identität 2.0

„Wer bin ich?" – Um diese schwierige Frage zu beantworten, musste man bisher lange nachdenken. Und meistens konnte man keine befriedigende Antwort finden. Der moderne, vernetzte und virtuelle Mensch begibt sich in die Welt von Google oder Facebook, Twitter oder Myspace, auf YouTube oder in Blogs, um Informationen über einen Menschen zu finden. Meistens wird er fündig. Xing präsentiert den schulischen und beruflichen Werdegang und Ebay und Amazon geben Auskunft über das Kaufverhalten. Der gläserne Mensch ist geboren!

- Wo ist was über dich im weltweiten Netz zu finden?
- Was sagen diese Informationen über dich und deine Identität aus?
- Wo liegen für dich die Grenzen und was tust du, um dich und deine persönliche Würde zu schützen?

 Recherchiere im Internet, welche Informationen du dort über dich findest (soziale Netzwerke, Fotos, Videos). Mache dir dazu Notizen und tauscht euch anschließend in Kleingruppen über eure Ergebnisse aus. Formuliert dazu in einem Satz eure wichtigste Erkenntnis. Das kann auch ein Tipp sein!

Arthur Thömmes: Die schnelle Stunde Ethik
© Auer Verlag – AAP Lehrerfachverlage GmbH, Donauwörth

Leben im Gleichgewicht

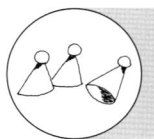
7.–10. Klasse

45–90 min

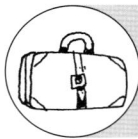
Arbeitsblatt, Stifte,
leere Blätter

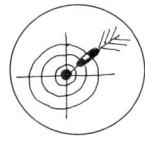
- Nachdenken über das Gleichgewicht des Lebens
- einen Text visualisieren

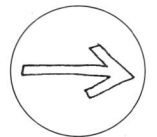
Arbeitsblatt kopieren

Der Text „Leben im Gleichgewicht" thematisiert die Gegensätze menschlichen Lebens und die Aufgabe des Menschen, eine gesunde Balance zu finden. Nachdem der Text gelesen wurde, schildern die Schüler kurz ihre Eindrücke dazu. Dabei wird nicht diskutiert. Der Arbeitsauftrag besteht darin, den Text anschaulich in einem Bild zu interpretieren. Die fertigen Werke werden ausgehängt und in einem Museumsgang gemeinsam betrachtet.

- Die Schüler erhalten die Vorgabe, eine Waage in das zu zeichnende Bild zu integrieren.
- Der Text wird pantomimisch interpretiert.

Bei manchen Themen ist es sinnvoll, keine langen Diskussionen in Gang zu setzen, sondern die Schüler zum Nachdenken anzuregen.

Leben im Gleichgewicht

Gegensätze um uns herum und in uns selbst
prägen unser Leben:
Spannung und Entspannung,
Leben und Tod,
Liebe und Hass,
Freundschaft und Feindschaft,
Nähe und Distanz,
Vertrauen und Misstrauen,
Hoffnung und Resignation,
Freiheit und Gefangenschaft,
Vertrauen und Angst,
Gesundheit und Krankheit,
Ruhe und Lärm,
Friede und Krieg,
Licht und Dunkelheit,
Wärme und Kälte,
Wachen und Schlafen,
Tag und Nacht,
Kindheit und Alter,
Steigen und Fallen,
Plus und Minus,
Geben und Nehmen,
Bindung und Lösung.

Immer wieder treffen wir auf die beiden Seiten,
die Polarität des Lebens.
Diese Spannung aushalten
und in den täglichen Anforderungen und Bedürfnissen
das Gleichgewicht zu finden
ist eine Lebensaufgabe.
Die Sehnsucht nach Harmonie und Ausgeglichenheit
durchzieht unser Leben wie ein roter Faden.
Es gilt, die Gegensätze im Gleichgewicht zu halten,
um so gesund und zufrieden zu leben.

 Male ein Bild, um den Text anschaulich zu machen. Dabei kannst du deiner Kreativität und Fantasie freien Lauf lassen.
Bildet anschließend Kleingruppen, hängt die Ergebnisse auf und sprecht in einem Rundgang darüber.

Arthur Thömmes: Die schnelle Stunde Ethik
© Auer Verlag – AAP Lehrerfachverlage GmbH, Donauwörth

Lebensthemen

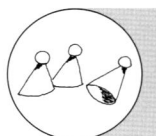 7.–10. Klasse

 45–90 min

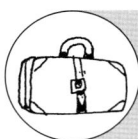 Arbeitsblätter, Stifte

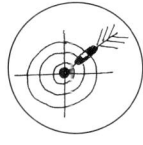 Nachdenken über das eigene Leben

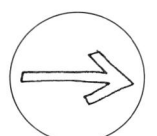 Arbeitsblätter kopieren

Mithilfe des Arbeitsblattes sollen die Schüler die Themen zusammentragen, die für sie und ihr Leben wirklich wichtig sind. Dazu wählt jeder zunächst seine fünf persönlichen Lebensthemen. In Kleingruppen wird die Auswahl vorgestellt. Die Gruppe einigt sich wiederum auf fünf Themen. Im Plenum werden die Lebensthemen vorgestellt und besprochen.

- Die Schüler setzen sich zu jeweils einem Lebensthema zum Gespräch zusammen.
- In den Kleingruppen werden die einzelnen Lebensthemen auf einzelne Blätter notiert. In einem Schreibgespräch kann jeder Schüler seine Meinung dazu aufschreiben.

 Für den Lehrer ist diese Übung sehr aufschlussreich, weil er so erfährt, was für junge Menschen wichtig ist.

Arthur Thömmes: Die schnelle Stunde Ethik
© Auer Verlag – AAP Lehrerfachverlage GmbH, Donauwörth

Lebensthemen

Es gibt Themen, die für dich und dein Leben wichtig sind, andere sind eher uninteressant oder langweilig. Es gibt Themen, die machen dich betroffen und bei anderen bleibst du unberührt.

1. Suche zunächst aus der Übersicht fünf Themen aus, die für dich sehr wichtig sind.
2. Bildet Kleingruppen und unterhaltet euch über eure persönliche Auswahl.
3. Einigt euch auf fünf wichtige Gruppenthemen.
4. Präsentiert der restlichen Klasse eure Gesprächsergebnisse.

Impulsfragen:

• Welches Thema macht dich wirklich noch betroffen?
• Zu welchem Thema kannst du spontan etwas berichten? Formuliere dazu eine Schlagzeile!
• Sind das auch die Themen, die für dich und deine Freunde wichtig sind?

Meine persönlichen Lebensthemen:

\
\
\
\
\

Unsere Gruppen-Lebensthemen:

\
\
\
\
\

Arthur Thömmes: Die schnelle Stunde Ethik
© Auer Verlag – AAP Lehrerfachverlage GmbH, Donauwörth

Lebensthemen

Ablösung vom Elternhaus
Alkohol
Angst
Anonymität
Armut
Ausbildung
Ausgrenzung
Ausländer
Aussehen
Beruf
Besitz
Clique
Computer
Cyberspace
Depressionen
Deutschland
Drogen
Egoisten
Einsamkeit
Eltern
Engagement
Erwachsenwerden
Essstörungen
Familie
Film
Flucht
Fragen
Frausein
Freizeit
Freundeskreis
Fun-Generation
Gebet
Geborgenheit
Gefahr
Geld
Generationskonflikt
Gerüchte
Geschwister
Gesellschaft
Gesundheit
Gewalt
Glaube
Gleichgültigkeit
Glück
Gott

Graffiti
Handy
Hass
Heiraten
Hilfsbereitschaft
Hip-Hop
Hotel Mama
Identität
Internet
Jugendarbeit
Jugendkultur
Jugendrituale
Jugendsprache
Jungen
Karriere
Kick
Kirche
Kleidermarke
Kommunikation
Konsum
Körper
Kult
Langeweile
Leben
Lebenskrise
Lebenskünstler
Lebensplanung
Leistung
Liebe
Lust
Luxus
Mädchen
Mannsein
Markenfieber
Maske
Medien
Menschlichkeit
Missbrauch
Mobbing
Mode
Multimedia
Musik
Nestwärme
Neue Medien
Optimismus

Orientierungslosigkeit
Partnerschaft
Party
Perspektiven
Piercing
Playstation
Politik
Punk
Religion
Risiko
Rollen
Schicksalsschläge
Schule
Sehnsucht
Selbstachtung
Selbstbewusstsein
Selbstmord
Selbstverwirklichung
Sexualität
Sinn des Lebens
Spaßgeneration
Sprayer
Sterben
Straßenkinder
Sucht
Szenensprache
Taschengeld
Tätowierung
Tod
Toleranz
Träume
Trend
Verantwortung
Verleumdung
Vorbilder
Vorurteile
Weicheier
Wer bin ich?
Werbung
Werte
Wünsche
Wut
Zeitgeist
Zocken
Zukunft

Arthur Thömmes: Die schnelle Stunde Ethik
© Auer Verlag – AAP Lehrerfachverlage GmbH, Donauwörth

Lebenstipps vom Dalai Lama

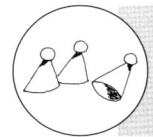 8.–10. Klasse

 45 min

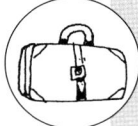 Arbeitsblatt, Stifte, evtl. Internetzugang

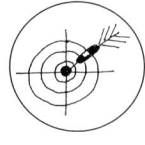 Mithilfe von Lebenstipps des Dalai Lama über das eigene Leben nachdenken

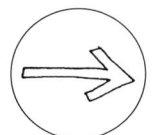 Arbeitsblatt kopieren, evtl. Internetzugang organisieren

Der Dalai Lama ist ein bekannter und weiser Mann, der vor allem durch sein freundliches und fröhliches Auftreten berühmt wurde. Seine Botschaften an die Menschen sind sehr lebensnah. Die Schüler sollen zunächst in Einzelarbeit die Lebenstipps auf dem Arbeitsblatt durchlesen und darüber nachdenken. Jeder sucht sich dann einen Tipp heraus, der ihn besonders anspricht. Im Plenum werden die persönlichen Überlegungen präsentiert und besprochen.

 Ein bis zwei Schüler haben die Aufgabe, sich im Internet über die Person des Dalai Lama zu informieren. Am Ende der Stunde stellen sie das Ergebnis ihrer Recherche vor.

 Ein Hinweis zum Verständnis: Religionen sollten Hilfen und Anregungen für ein gutes, gelingendes Leben anbieten.

Arthur Thömmes: Die schnelle Stunde Ethik
© Auer Verlag – AAP Lehrerfachverlage GmbH, Donauwörth

Lebenstipps vom Dalai Lama

 Der Dalai Lama, das geistige und weltliche Oberhaupt der Tibeter, ist bekannt für seine Fröhlichkeit und seine praktischen Tipps für ein gutes Leben. Hier eine kleine Auswahl. Lies sie und überprüfe sie auf ihre Bedeutung für dein Leben. Dann suche dir einen Tipp heraus und stelle ihn mit deinen Überlegungen vor.

- [ ] Beachte, dass große Liebe und großer Erfolg immer mit großem Risiko verbunden sind.
- [ ] Gib anderen Menschen mehr, als sie erwarten, und tue es mit Freude.
- [ ] Wenn du sagst: „Ich liebe dich", meine es wirklich ernst.
- [ ] Lache niemals über anderer Menschen Träume.
- [ ] Beurteile Menschen nicht nach ihren Verwandten oder Bekannten.
- [ ] Sprich langsam, aber denke schnell.
- [ ] Wenn dich jemand etwas fragt, was du nicht beantworten möchtest, so lächle, als ob du fragen wolltest, warum sie das wissen wollen.
- [ ] Bedenke: Nicht zu bekommen, was man will, ist manchmal ein großer Glücksfall.
- [ ] Wenn du verlierst, vergiss nicht, was du daraus gelernt hast.
- [ ] Habe stets Respekt: Respekt vor dir selbst, Respekt vor anderen und übernimm Verantwortung für deine Taten.
- [ ] Bedenke, dass Schweigen manchmal die beste Antwort ist.
- [ ] Lass eine kleine Auseinandersetzung nicht eine große Freundschaft ruinieren.
- [ ] Lies mehr Bücher und sieh weniger fern.
- [ ] Lebe dein Leben in Güte und mit Hingabe. So wirst du, wenn du alt bist und zurückblickst, noch guten Nutzen davon haben.
- [ ] Verbringe jeden Tag einige Zeit allein.
- [ ] Vertraue auf Gott, aber schließe dein Auto ab.
- [ ] Eine Atmosphäre der Liebe in deinem Zuhause ist sehr wichtig. Tue alles, um ein ruhiges Heim mit Harmonie zu schaffen.
- [ ] Wenn es da ein Missverständnis mit Menschen, die du magst, gibt, konzentriere dich auf das, was gerade jetzt ist. Sprich nicht über die Vergangenheit.
- [ ] Teile dein Wissen. Das ist ein Weg, Unsterblichkeit zu erlangen.
- [ ] Sei freundlich zum Planeten. Gehe sorgsam mit der Erde um.
- [ ] Unterbrich niemanden, der dir gerade ein Kompliment macht.
- [ ] Einmal im Jahr gehe irgendwohin, wo du noch nie vorher warst.
- [ ] Trage Sorge für dein eigenes Leben.
- [ ] Traue niemandem, der / die beim Küssen seine / ihre Augen nicht schließt.
- [ ] Wenn du viel Geld verdienst, nutze es, anderen zu helfen, solange du lebst. Das ist die beste Befriedigung für Reiche.
- [ ] Lerne die Regeln, aber breche auch einige.
- [ ] Verinnerliche, dass das beste Miteinander eines ist, wo die Liebe für den / die andere(n) größer ist als der Nutzen.
- [ ] Nimm an, dass dein Charakter dein Schicksal ist.
- [ ] Widme dich der Liebe und dem Kochen mit ganzem Herzen.
- [ ] Messe deinen Erfolg daran, was du für ihn aufgeben musstest.

Arthur Thömmes: Die schnelle Stunde Ethik
© Auer Verlag – AAP Lehrerfachverlage GmbH, Donauwörth

Auf den Punkt gebracht –
Lebensweisheiten

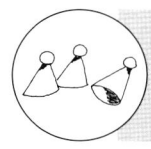 7.–10. Klasse

 45 min

 Arbeitsblätter, Stifte

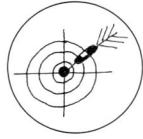 mithilfe von Sprichwörtern und Lebensweisheiten über das eigene Leben nachdenken

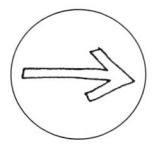 Arbeitsblätter kopieren

Der Lehrer erläutert den Schülern, dass sich in den knappen Sprichwörtern Lebensweisheiten und -erfahrungen bündeln. Jede Kultur und Gesellschaft verfügt über solche Sprüche. Die Schüler nennen einige Beispiele (*Lehrjahre sind keine Herrenjahre; Jeder ist seines Glückes Schmied; Ohne Fleiß kein Preis*).

Die Schüler bewerten in Einzelarbeit die Lebensweisheiten auf dem Arbeitsblatt (+, –, ?). Dabei sollen sie überlegen, welche Bedeutungen hinter den Sprüchen stehen und was sie uns heute noch sagen können.

In einem Gespräch werden die unterschiedlichen Bewertungen und Deutungen ausgetauscht.

- Die Schüler sammeln selbst Lebensweisheiten. Sie werden jeweils auf Karten geschrieben und an eine Pinnwand geheftet. Nach einer gemeinsamen Sichtung können die Schüler dazu Stellung beziehen.
- Die Schüler einigen sich auf ein paar Sinnsprüche, die als Motivationshilfe im Klassenraum für alle gut sichtbar angebracht werden (z. B.: *Sei der Held deines Lebens! Du schaffst das!*).

 In den Dudenbänden „Zitate und Aussprüche", „Redewendungen" oder „Das große Buch der Zitate und Redewendungen" und auf entsprechenden Internetportalen (www.zitate.net, www.aphorismen.de, www.alle-sprichwoerter.de) finden sich viele anregende Beispiele.

Arthur Thömmes: Die schnelle Stunde Ethik
© Auer Verlag – AAP Lehrerfachverlage GmbH, Donauwörth

Auf den Punkt gebracht – Lebensweisheiten

In einem einzigen kurzen Satz kann sich eine tiefe Lebensweisheit ausdrücken. Es ist die Zusammenfassung von bestimmten Lebenserfahrungen, die Menschen gemacht haben. Lies zunächst alle Aussagen durch und kennzeichne sie mit den unten beschriebenen Symbolen (+, –, ?). Tauscht euch anschließend im Gespräch über eure Lebenserfahrungen aus, die ihr mit den Texten verbindet.

Lies und beurteile die einzelnen Aussagen.
+ = Dieser Aussage stimme ich zu.
– = Dieser Aussage stimme ich nicht zu.
? = Dazu habe ich eine Frage.

- [ ] Leben gelingt, wenn wir es lieben.
- [ ] Alles, was du bist – Alles, was du willst – Alles, was du sollst … geht von dir selbst aus.
- [ ] Das Lächeln ist die kürzeste Verbindung zwischen zwei Menschen.
- [ ] Es ist nicht wenig Zeit, die wir haben, sondern es ist viel Zeit, die wir nicht nutzen.
- [ ] Jeder ist so glücklich, wie er nach seinem eigenen Entschluss sein will.
- [ ] Jeder möchte die Welt verbessern und jeder könnte es auch, wenn er nur bei sich selbst anfangen wollte.
- [ ] Jeder kehre vor seiner eigenen Tür, dann ist die Straße sauber.
- [ ] Der Streber kennt nur eins, sein Ziel. Der Weise pflückt am Wege Blumen.
- [ ] In unserer Leistungsgesellschaft ist das Fingerspitzengefühl in die Ellenbogen gerutscht.
- [ ] Das Leben ist keine Generalprobe.
- [ ] Wer die Vergangenheit kennt, kann über die Zukunft reden.
- [ ] Nimm dir Zeit für dein Leben. Du hast nur das eine.
- [ ] Die höchste Form der Anerkennung ist der Neid.
- [ ] Keine Straße ist zu lang mit einem Freund an der Seite.
- [ ] Sei freundlich zu unfreundlichen Menschen. Sie brauchen es am meisten.
- [ ] Wenn die Kinder klein sind, gib ihnen Wurzeln. Wenn sie groß sind, gib ihnen Flügel.
- [ ] Wichtig ist, dass du machst, was du liebst.
- [ ] Wer nicht weiß, wohin er will, darf sich nicht wundern, wenn er ganz woanders ankommt.
- [ ] Verbringe nicht die Zeit mit der Suche nach einem Hindernis, vielleicht ist keines da.
- [ ] Jeder ist seines Glückes Störenfried.
- [ ] Die meisten Menschen werden kleiner, wenn man sie unter die Lupe nimmt.
- [ ] Der Pessimist findet zu jeder Lösung das passende Problem.
- [ ] Das Leben können wir nur rückwärts verstehen, aber wir müssen es vorwärts leben.
- [ ] Die meisten Menschen werden als Original geboren und sterben als Kopie.
- [ ] In jeder Gesellschaft gibt es Macher, Mitmacher und Miesmacher.
- [ ] Das Leben ist schon passiert, während wir gerade noch Pläne machen.
- [ ] Man kennt erst seine Grenzen, wenn man dort gewesen ist.

Auf den Punkt gebracht – Lebensweisheiten

- ☐ Das Leben ist viel zu kurz, um es nicht zu mögen.
- ☐ Das Böse triumphiert, wenn sich alle guten Menschen raushalten.
- ☐ Weiß erkennt man am besten, wenn man Schwarz dagegen hält.
- ☐ In jedem Menschen steckt etwas Kostbares.
- ☐ Zu Hause bist du dort, wo du geliebt wirst.
- ☐ Leben ist das, was einem zustößt, während man auf die Erfüllung seiner Träume wartet.
- ☐ Du kannst die Welt nicht ändern, aber dich selbst.
- ☐ Nur wer liebt, was er tut, macht es gut.
- ☐ Wer nach einer hilfreichen Hand sucht, findet sie am besten am Ende des eigenen Armes.
- ☐ Ideen sind nicht verantwortlich für das, was die Menschen aus ihnen machen.
- ☐ Sind wir nicht alle kleine Selbstdarsteller?
- ☐ Nimm dir Zeit, sie liegt überall herum.
- ☐ Ich suche eine Antwort, wenn ich nur die Frage wüsste.
- ☐ Herr, vergib ihnen nicht, denn sie wissen genau, was sie tun.
- ☐ Heute schon gelebt?
- ☐ Und von wem haben Sie Ihre Meinung?
- ☐ Wer morgens zerknittert ist, hat tagsüber viele Entfaltungsmöglichkeiten.
- ☐ Träume sind die letzten Abenteuer in einer Welt der vorgeschriebenen Fantasie.

Wie lautet dein Lebensmotto?

_____

_____

Arthur Thömmes: Die schnelle Stunde Ethik
© Auer Verlag – AAP Lehrerfachverlage GmbH, Donauwörth

Nachdenkliches

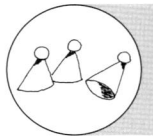
7.–10. Klasse

45–90 min

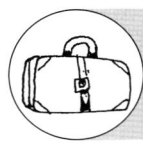
Arbeitsblätter, Stifte

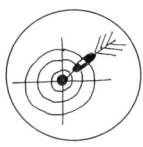
- Nachdenken über das Leben
- konzentriertes Lesen eines Textes
- konzentriertes Schreiben

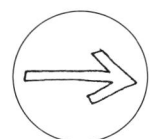
Arbeitsblätter kopieren

Der Text ist in Spiralform geschrieben und verlangt Konzentration und Übung, um ihn bewusst zu lesen. Das soll jeder Schüler zunächst alleine versuchen. Über die Leseübung und den Inhalt des Textes unterhalten sich die Schüler *(Was war schwierig? Was ist mir leicht gefallen? Was nervt mich beim Lesen?)*.

In einer anschließenden Schreibübung sollen die Schüler in Kleingruppen zunächst einen eigenen Text schreiben. Das Thema wird gemeinsam gewählt. Auf das Arbeitsblatt mit der fertigen Spirale werden die Texte übertragen.

Die Ergebnisse werden ausgelegt und können von den Mitschülern erkundet werden.

Als Übung zum schnellen Lesen und Erfassen von Textpassagen werden einzelne Phrasen genannt, die möglichst schnell gefunden werden sollen.

Es kommt beim Gestalten der Textspirale nicht auf Perfektionismus an, sondern auf die Erfahrung des bewussten Schreibens.

Nachdenkliches

Der folgende Text will dich zum Nachdenken anregen. Lies ihn in aller Ruhe, indem du die Spirale langsam drehst. Denke darüber nach, was die Aussage dir persönlich sagen könnte.

Gibt es ein Rezept für ein glückliches Leben? Diese Frage stellen sich Menschen immer wieder. Und warum kann das alles nicht einfacher sein? Natürlich sind die Lebenserfahrungen sehr unterschiedlich. Aber auch die persönlichen Fähigkeiten und die innere Haltung bestimmen die Einstellung zum Leben und beeinflussen unser Tun. Es gibt einen schönen Satz, der in der Bibel steht: „Was du nicht willst, dass man dir tu, das füge auch keinem andern zu!" Diese Goldene Regel hat eine lange Geschichte und findet sich in vielen Kulturen und Religionen. Sie will den Menschen zeigen, wie sie besser, friedvoller und glücklicher zusammenleben können. Danach zu handeln fordert viel Mut und die Überwindung des Egoismus. Stell dir vor, alle Menschen würden sich nach dieser Regel leben. Wie würde sich die Welt verändern und handeln. Wie würdest du handeln? Stell dir vor, was würde dann passieren? Wie würde sich dein Leben verändern? Probier es aus!

Nachdenkliches

 Schreibe selbst einen kurzen anregenden Text über Gedanken, die dich und dein Leben gerade beschäftigen. Trage deine Gedanken in die Spirale ein.

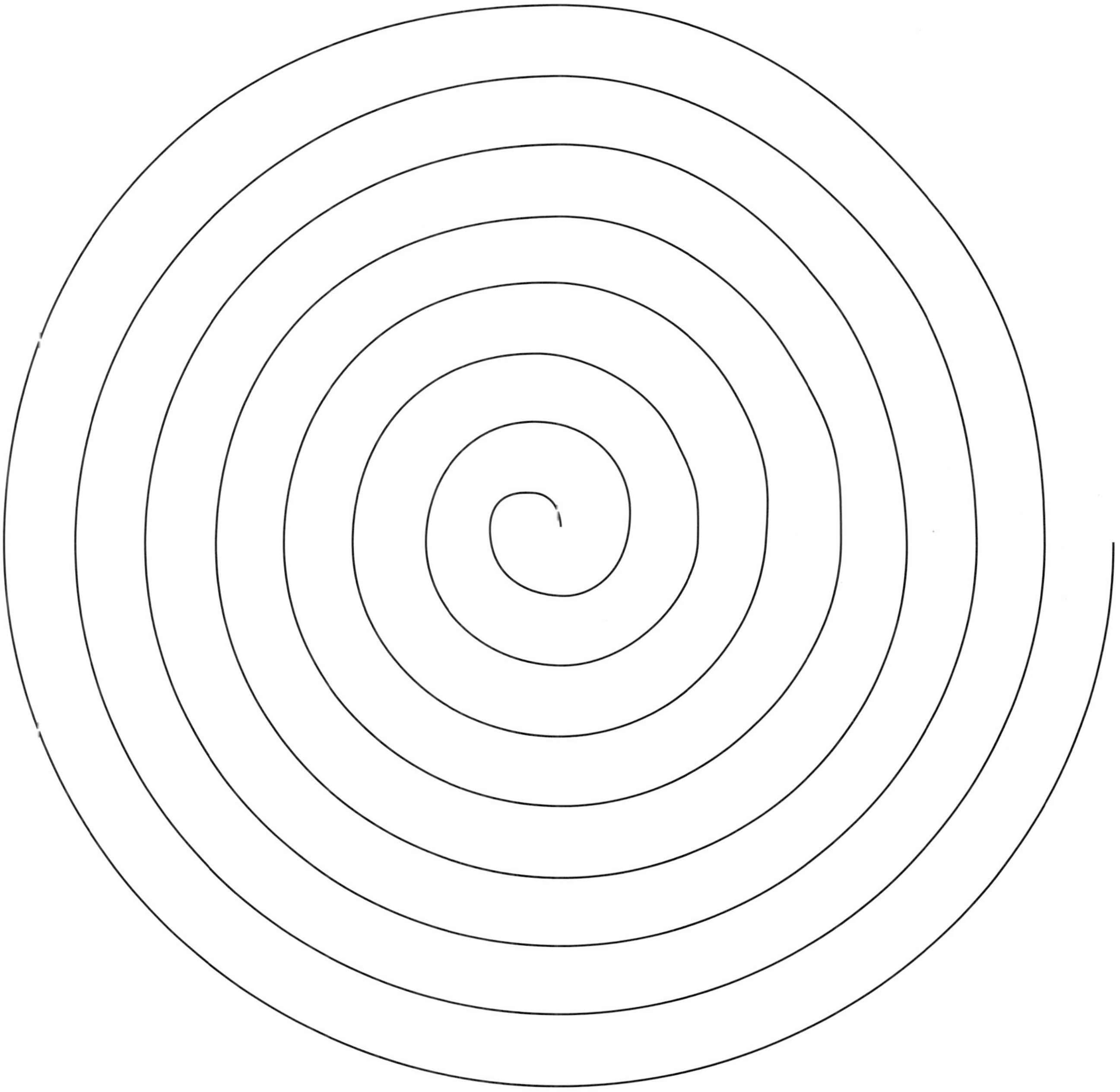

Ohne Liebe geht nichts

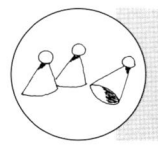
7.–10. Klasse

45–90 min

Arbeitsblatt, Stifte,
evtl. Internetzugang

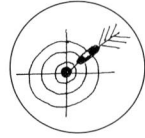
- Liebe als Grundlage des menschlichen Lebens erkennen
- Liebe im eigenen Leben erkunden
- Kennenlernen verschiedener Formen der Liebe

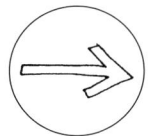
Arbeitsblatt kopieren, evtl. Internetzugang organisieren

Die Schüler lesen den Text und markieren die wichtigen Passagen. Die Thesen werden besprochen und diskutiert. Dabei können die Schüler auch Liebesgeschichten erzählen, die sie selbst erlebt oder die sie gehört haben. Am Schluss werden die verschiedenen Formen der Liebe und deren Bedeutung herausgearbeitet.

- Als Stundeneinstieg dient ein Brainstorming zum Begriff „Liebe".
- Falls ein Internetzugang zur Verfügung steht und Ihre Lerngruppe dafür geeignet ist (Stichwort: erotische Liebe), können die unterschiedlichen Formen der Liebe genauer recherchiert werden.

Die Schüler haben erfahrungsgemäß sehr unterschiedliche Erfahrungen mit diesem Thema gemacht. Falls Ihnen die Lerngruppe unbekannt ist, ist es sinnvoll, das Gespräch nicht zu sehr in den persönlichen Bereich zu lenken.

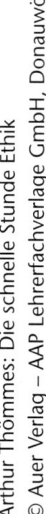
Arthur Thömmes: Die schnelle Stunde Ethik
© Auer Verlag – AAP Lehrerfachverlage GmbH, Donauwörth

Ohne Liebe geht nichts

Angesichts der gesellschaftlichen und politischen Tagesnachrichten wird es immer schwieriger, Maßstäbe für das eigene Denken, Reden und Handeln zu finden. Was ist gut? Was ist böse? Was ist richtig und was falsch?

„Die sind doch alle korrupt und haben kein Schuldbewusstsein, selbst dann, wenn man sie überführt!" So oder ähnlich rechtfertigen heute viele Menschen ihr Handeln mit Verweis auf die Vorbildfunktion gesellschaftlicher Persönlichkeiten. Das Gewissen als eine Instanz, die uns als eine Art Wegweiser und Kompass durch das Leben führt, hat scheinbar ausgedient. Angesichts der persönlichen und gesellschaftlichen Veränderungen wird es jedoch immer wichtiger, Gewissensbildung als einen Bestandteil des Lebens wieder neu zu beleben.

Trotz der veränderten Zustände werden wir Menschen noch immer getrieben von der Sehnsucht nach einem Sinn, nach dem wir unser Leben ausrichten können. Denn das Ziel, das uns Menschen miteinander verbindet, ist das Glück oder dessen kleine Schwester, die Zufriedenheit. Dieses Glück finden wir in der Liebe, denn: ohne die Liebe geht nichts! Es ist das alte Thema, das Menschen zueinander führt und sie trennt.

Jeder Mensch hat seine eigenen Liebesgeschichten, von denen er erzählen kann. Sie prägen seit Kindertagen unser Leben, die Einstellungen und Beziehungen zu den Menschen. Eine enttäuschte Liebe kann das Misstrauen fördern. Empfangene Liebe befreit und macht offen. Die Liebe ist die Grundnahrung unseres Lebens und der Hunger nach Liebe ist groß.

So sterben in unserer Gesellschaft Menschen häufig nicht aus Mangel an Brot, sondern an verweigerter Liebe.

1. Diskutiert den Text und die darin geäußerten Thesen.
2. Erzählt euch gegenseitig Liebesgeschichten aus eurem Leben.
3. Welche Bedeutung haben die folgenden Formen der Liebe?

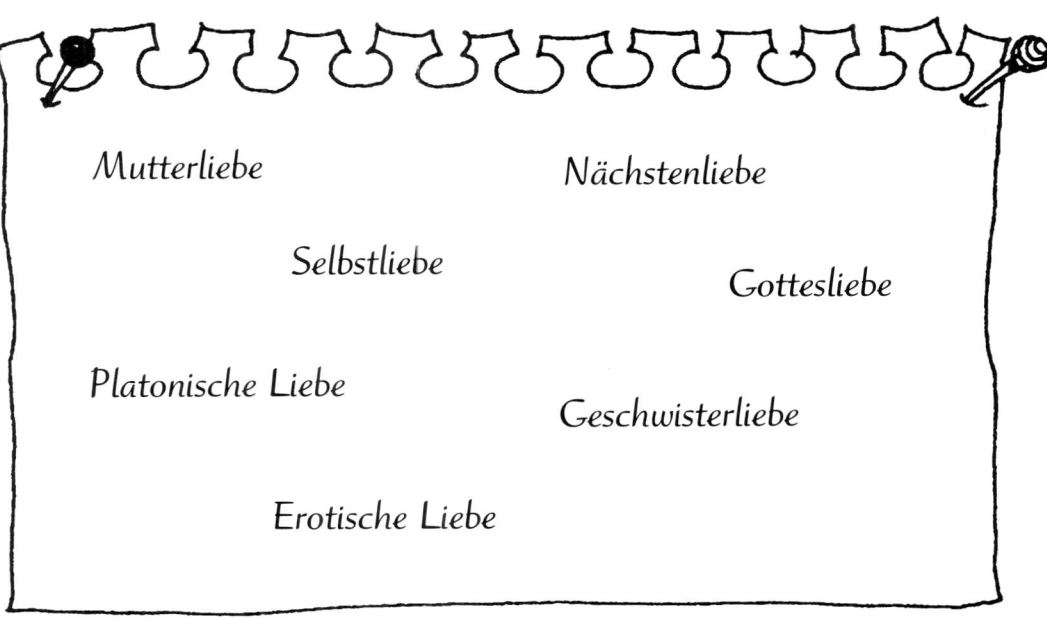

Mutterliebe

Nächstenliebe

Selbstliebe

Gottesliebe

Platonische Liebe

Geschwisterliebe

Erotische Liebe

Rechte und Pflichten

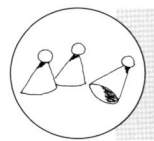 5.–10. Klasse

 45 min

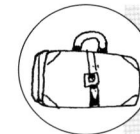 Arbeitsblatt, Stifte

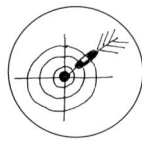 Rechte und Pflichten für das eigene Leben formulieren und reflektieren

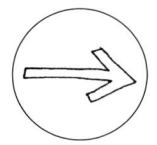 Arbeitsblatt kopieren

In einem Unterrichtseinstieg erläutert der Lehrer das Thema „Rechte und Pflichten" und deren Bedeutung für das menschliche Zusammenleben.
In Einzelarbeit formulieren die Schüler ihre persönlichen Rechte und Pflichten. In Kleingruppen werden die Ergebnisse diskutiert und auf ihre Bedeutung überprüft.

 Die Rechte und Pflichten werden als Forderungen auf ein Plakat geschrieben, kreativ gestaltet und an gut sichtbarer Stelle aufgehängt.

 In unteren Klassen ist eine einleitende Begriffsklärung wichtig.

Arthur Thömmes: Die schnelle Stunde Ethik
© Auer Verlag – AAP Lehrerfachverlage GmbH, Donauwörth

Rechte und Pflichten

Das Gelingen des menschlichen Zusammenlebens hängt wesentlich davon ab, welche Rechte und Pflichten sich die Menschen (geschrieben oder ungeschrieben) geben und wie deren Einhaltung gewährleistet wird. Ergänze die beiden Listen und vergleicht eure Ergebnisse im Gespräch.

Ich habe das Recht …

… meine Meinung zu sagen.
… mich frei zu bewegen.
… glücklich zu sein.
… auch Fehler machen zu dürfen.
… mein Verhalten nicht ständig zu rechtfertigen.
… meine Meinung auch mal zu ändern.
… zu leben.
… geliebt zu werden.

… _____
… _____
… _____
… _____
… _____
… _____
… _____

Ich habe die Pflicht …

… Leben zu schützen.
… auf Grenzen menschlichen Verhaltens hinzuweisen.
… anderen Menschen respektvoll zu begegnen.
… so zu handeln und zu reden, dass ich niemanden verletze.
… Gewalt nicht zu akzeptieren.
… benachteiligte Menschen zu schützen.
… ein Vorbild zu sein.
… meine Grenzen und Schwächen zu akzeptieren.

… _____
… _____
… _____
… _____
… _____
… _____
… _____

Arthur Thömmes: Die schnelle Stunde Ethik
© Auer Verlag – AAP Lehrerfachverlage GmbH, Donauwörth

Religion – etwas zum Festhalten?!

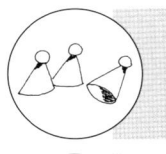
8.–10. Klasse

45–90 min

Arbeitsblätter, Stifte

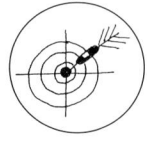
Bedeutung von Religion erarbeiten

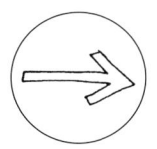
Arbeitsblätter kopieren

Mithilfe der kurzen Zitate sollen die Schüler sich mit der Bedeutung von Religion in seiner vielfältigen Form auseinandersetzen. Sie dienen vor allem als Gesprächsanreger in den Kleingruppen. Diese werden gebildet, nachdem jeder sich zunächst die Texte in Ruhe durchgelesen und darüber nachgedacht hat. Das Gruppengespräch mündet in einem zu formulierenden markanten Satz, der die Bedeutung von Religion ausdrückt. Die Ergebnisse werden präsentiert und besprochen.

Die Gruppengespräche münden in eine Talkrunde, in die sich die Schüler einbringen können. Die Runde besteht aus fünf Personen. Eine Person kann die Runde verlassen, ein Außenstehender nimmt dann ihren Platz ein. Ein Teilnehmer kann aber auch von einem Außenstehenden abgelöst werden.

Das Thema kann durchaus sehr kontrovers diskutiert werden. Dabei sollte auf Sachlichkeit und gute Argumente geachtet werden.

Arthur Thömmes: Die schnelle Stunde Ethik
© Auer Verlag – AAP Lehrerfachverlage GmbH, Donauwörth

Religion – etwas zum Festhalten?!

Religion hat etwas mit unserem Leben zu tun. Menschen suchen nach Halt, besonders in kritischen Lebenssituationen. Doch der Markt der Sinnstifter ist groß und dem aufgeklärten Menschen fällt es zunehmend schwerer, sich für ein passendes Angebot zu entscheiden. In unserer christlich geprägten Gesellschaft wenden sich die Menschen heute zunehmend von den Kirchen ab. Die Gründe sind vielfältig.

Viele der folgenden Zitate und Sprüche wollen zum Schmunzeln anregen. In den meisten steckt aber auch eine tiefgründige Wahrheit.

1. Lest die Texte durch und unterhaltet euch in Kleingruppen über den Sinn und Unsinn der Aussagen.
2. Formuliert anschließend einen treffenden Satz, mit dem ihr die Bedeutung von Religion in unserer Zeit ausdrückt.

- Lach doch, Gott liebt dich!
- Gott besucht uns häufig, aber meistens sind wir nicht zu Hause.
- Gott hat dir dein Gesicht gegeben, lächeln musst du selbst.
- Gott kann aus Mist Humus machen.
- Gott weiß alles. Der Mensch weiß alles besser.
- Heiden sind daran zu erkennen, dass sie ihre religiösen Bedürfnisse im Wald verrichten.
- Ich bin Christ und das ist gut so!
- Balken im eigenen Auge? Nie gesehen!
- Die Rätsel Gottes sind befriedigender als die Antworten der Menschen.
- Das Leben endet immer tödlich.
- Jesus ist wie eine Oase in der Wüste, nur Kamele ziehen weiter.
- Manche verpassen den Himmel nur um 45 cm – die Entfernung zwischen Kopf und ihrem Herzen.
- Seit die Menschen nicht mehr an Gott glauben, glauben sie nicht etwa an nichts, sondern an alles.
- Wo christlich draufsteht, muss noch lange kein Christus drin sein.
- Es stimmt nicht, dass es keine Wunder mehr gibt. Wir haben höchstens beschlossen, keine mehr anzuerkennen.
- Wissen ist Macht. Glaube ist mächtiger.
- Auf der ganzen Welt gibt es etwa 40 Millionen Gesetze, und das nur, um den Zehn Geboten Geltung zu verschaffen.
- Denk dran, Gott ist wirklich Gott! Er bewirbt sich nicht erst um diesen Job.
- Ich glaube nur an das, was ich sehe! Seit es Fernsehen gibt, glaube ich alles!
- Gott spielt in meinem Leben keine Rolle! Er ist der Regisseur.
- Wer Gott alleine in der Natur sucht, sollte sich auch vom Oberförster beerdigen lassen.
- In die Kirche zu gehen, macht dich noch nicht zu einem Christen – genauso wenig wie ein Besuch bei McDonalds dich zu einem Hamburger macht.

Arthur Thömmes: Die schnelle Stunde Ethik
© Auer Verlag – AAP Lehrerfachverlage GmbH, Donauwörth

Religion – etwas zum Festhalten?!

- Die Zehn Gebote Gottes sind deshalb so klar und verständlich, weil sie ohne Mitwirkung einer Sachverständigenkommission zustande gekommen sind.
- Es gibt zwei Grundwahrheiten auf dieser Welt: 1. Es gibt keinen Gott 2. Die Erde ist eine Scheibe.
- In einer Gesellschaft, in der Golgatha für eine Zahncreme gehalten wird, wird es Zeit, wieder über Jesus zu informieren.
- Ist Gott noch mehrheitsfähig?
- Man kann Gott aus eigenen Anstrengungen ebenso wenig erreichen, wie man durch Stabhochsprung auf den Mond gelangen kann.
- Nicht Konsum, sondern Liebe entscheidet über Lebensqualität.
- Oft kopiert, nie erreicht: Jesus.
- So wenig ein Reiseprospekt eine Reise ist, so wenig ist eine Meinung über den Glauben Glaube.
- Wenn du Gott lachen hören willst, dann erzähl ihm von deinen Plänen.
- Wenn Kindern und Jugendlichen nur Wissen, aber keine Werte vermittelt werden, wächst eine Generation heran, die von allem den Preis kennt, aber von nichts den Wert.
- Wer in unserer dürren Zeit Christsein als antiquiert und vorgestrig diffamiert, sollte nicht vergessen, dass der Schnee von gestern das Wasser von morgen ist.
- Wer Gott aufgibt, löscht die Sonne aus, um mit einer Laterne weiterzuwandern.
- Wir wollen einen abstrakten Gott, weil wir konkrete Götzen haben.

Unsere Botschaft:

_____

_____

_____

_____

_____

_____

Arthur Thömmes: Die schnelle Stunde Ethik
© Auer Verlag – AAP Lehrerfachverlage GmbH, Donauwörth

Satzfetzen

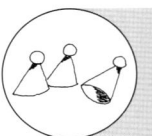
5.–10. Klasse

45 min

Arbeitsblatt, Stifte

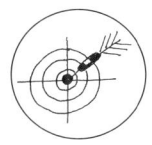
- Reflektieren des eigenen Lebens
- Persönlichkeitsbildung und Selbstwahrnehmung

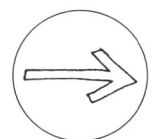
Arbeitsblatt kopieren

Das Arbeitsblatt will dazu anregen, das eigene Leben zu reflektieren. Um in ein Gespräch zu kommen und die Schüler zum Nachdenken anzuregen, ergänzen sie die Satzanfänge. Die Schüler wählen aus der Liste aus, worüber sie reden möchten. In einem Gespräch können die vollständigen Sätze vorgestellt und erläutert werden.

Die Satzanfänge werden auf einzelne Blätter geschrieben und an verschiedenen Plätzen im Klassenraum ausgelegt. Die Schüler gehen rundherum, lesen die Beiträge und schreiben dann ihre persönlichen Texte.

Da es sich um sehr persönliche Beiträge handelt, sollte das Prinzip der Freiwilligkeit berücksichtigt werden. Auch eine einfühlsame Gesprächsführung des Lehrers erscheint angebracht.

Arthur Thömmes: Die schnelle Stunde Ethik
© Auer Verlag – AAP Lehrerfachverlage GmbH, Donauwörth

Satzfetzen

Schreibe die Satzanfänge zu Ende, um so etwas über dich zu erzählen. Du entscheidest, was du von dir erzählen willst. Setzt euch anschließend in Kleingruppen zusammen und stellt euch die Ergebnisse vor.

Ich bin _____

Ich bin glücklich _____

Ich würde gerne _____

Ich bin traurig _____

Ich wünsche mir _____

Ich habe Angst _____

Ich bin wütend _____

Ich bin genervt _____

Ich spüre _____

Ich bin enttäuscht _____

Ich sollte _____

Ich verhalte mich _____

Ich akzeptiere _____

Ich bin am Boden zerstört _____

Ich schäme mich _____

Ich wäre gerne _____

Ich freue mich, wenn _____

Könnte ich _____

Immer wieder _____

Ich wäre gern mutig _____

Ich bin stolz _____

Ich habe nichts dagegen, wenn _____

Ich träume von _____

Arthur Thömmes: Die schnelle Stunde Ethik
© Auer Verlag – AAP Lehrerfachverlage GmbH, Donauwörth

Sinnscout

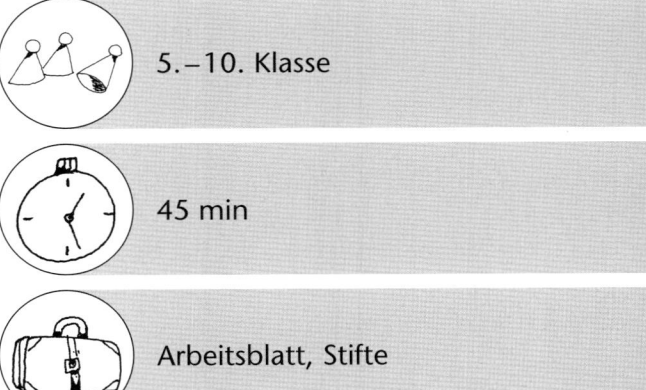

5.–10. Klasse

45 min

Arbeitsblatt, Stifte

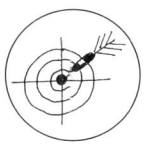 das eigene Leben und die Schwerpunkte des Lebens reflektieren

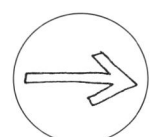 Arbeitsblatt kopieren

Die Schüler notieren auf dem Arbeitsblatt ihre Ideen zu den einzelnen Begriffen. Anschließend versuchen sie, die Bedeutung der einzelnen Bereiche für ihr Leben zu bewerten. Insgesamt stehen dazu 100 Punkte zur Verfügung. In Kleingruppen werden die Ergebnisse vorgestellt und besprochen.

- Der Einstieg in das Thema wird zunächst gemeinsam erarbeitet, indem jeder auf die Begriffsblätter seine Ideen zu den Lebensbereichen schreiben kann.
- Aus den Einzelbewertungen wird eine Klassen-Bestenliste erstellt.
- Jeder Schüler malt ein Bild zum Thema.

 Die Thematik sollte dem Alter der Lerngruppe angepasst sein.

Sinnscout

Die folgenden acht Lebensbereiche haben großen Einfluss auf die Gestaltung unseres Lebens. Jeder Mensch setzt einen anderen Schwerpunkt, um seinem Leben einen Sinn zu geben. Was ist für dich wichtig auf der Suche nach dem Sinn des Lebens?

1. Umschreibe zunächst jeden Bereich mit einigen Inhalten (z. B. Familie: *Geborgenheit, Nest*; Schule: *Stress, Perspektive, Wissen, ...*).
2. Bewerte die Bedeutung der Bereiche für dein Leben. Du hast insgesamt 100 Punkte zur Verfügung, die du verteilen kannst.
3. Vergleicht die Ergebnisse miteinander und unterhaltet euch darüber.
4. Falls Zeit bleibt, kann ein guter Rechner eine Liste mit der Klassengesamtbewertung erstellen.

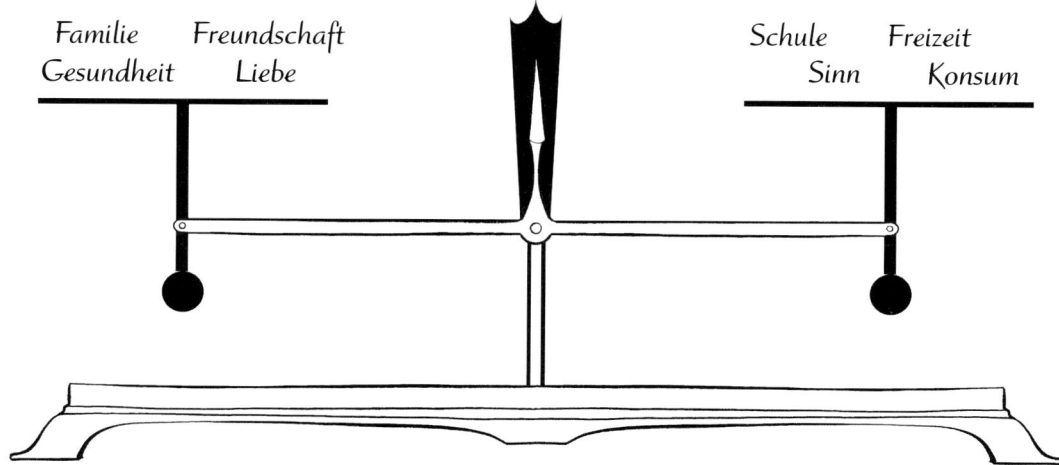

	Punkte
Familie	
Schule	
Freizeit	
Sinn	
Konsum	
Gesundheit	
Liebe	
Freundschaft	

Arthur Thömmes: Die schnelle Stunde Ethik
© Auer Verlag – AAP Lehrerfachverlage GmbH, Donauwörth

Stopp!

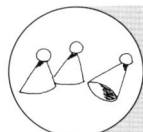 8.–10. Klasse

 45 min

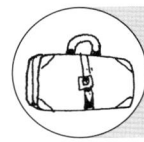 Arbeitsblatt, Stifte

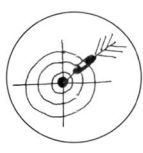 die Grenzen menschlichen Handelns erkennen und benennen

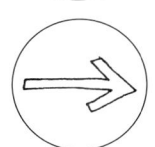 Arbeitsblatt kopieren

Wie weit darf der Mensch mit seinem Handeln gehen? Wo liegen seine Grenzen? Was ist beim zwischenmenschlichen Handeln und Reden zu beachten?
Nach einer kurzen Einführung durch den Lehrer sollen die Schüler sich mit der Thematik auseinandersetzen und das Arbeitsblatt kreativ gestalten. Sie können sich mit Texten, Zeichnungen, Farben oder Symbolen ausdrücken. Die Ergebnisse werden für alle sichtbar präsentiert.

 Das Arbeitsblatt wird vergrößert (DIN A3 oder größer) und von mehreren Personen gestaltet.

 Je nach zeitlichem Rahmen können die kreativen Arbeiten erläutert und besprochen werden.

Arthur Thömmes: Die schnelle Stunde Ethik
© Auer Verlag – AAP Lehrerfachverlage GmbH, Donauwörth

STOPP!

Bis hierher und nicht weiter!

Darf der Mensch alles, was er kann? Oder gibt es Grenzen, die er einhalten muss? Das betrifft das Zusammenleben im Kleinen, aber auch die Weltgemeinschaft. Verdeutliche an einem konkreten Beispiel, wo für dich die Grenzen menschlichen Handelns liegen.

Gestalte dazu die Grafik mit Text und / oder Zeichnungen.

Arthur Thömmes: Die schnelle Stunde Ethik
© Auer Verlag – AAP Lehrerfachverlage GmbH, Donauwörth

Virtuelle Freundschaften

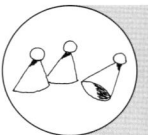
8.–10. Klasse

45–90 min

Arbeitsblätter, Stifte

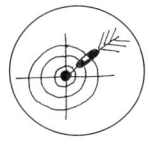

- Menschenkenntnis schulen
- Vorurteile abbauen und Toleranz einüben

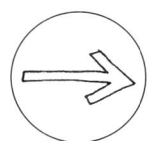

Arbeitsblätter kopieren

Es gibt Unterschiede zwischen den Menschen. Gerade diese Unterschiede sind oft Ursachen von Vorurteilen und Auseinandersetzungen. Mit vorschnellen Urteilen oder einseitigen Bewertungen drücken wir Menschen einen Stempel auf und machen sie zu Opfern. Mithilfe des Arbeitsblattes sollen sich die Schüler in spielerischer Form mit Personen und Gruppen auseinandersetzen. Dazu wählt jeder Schüler aus der Liste zehn Personen aus, mit denen er eine virtuelle Freundschaft eingehen will. Die Auswahl sollte jeweils begründet sein.

Im Plenum wird eine Rangfolge erstellt, indem die Einzelwertungen abgerufen werden. Die Gesamtauswahl (Wer ist der beliebteste Wunschfreund?) wird vorgestellt und diskutiert.

- Kleingruppen einigen sich auf jeweils fünf Personen.
- In einer fiktiven Situation treffen die ausgewählten Personen aufeinander und ein erstes Gespräch entsteht (Rollenspiel).

Die Informationen zu den einzelnen Personen sind bewusst sehr knapp. Doch bestimmte Reizwörter rufen Erfahrungen und Wertungen ab. Wie beurteilen wir Menschen und wie kann Menschenkenntnis geschult werden?

Arthur Thömmes: Die schnelle Stunde Ethik
© Auer Verlag – AAP Lehrerfachverlag GmbH, Donauwörth

Virtuelle Freundschaften

Du möchtest in deinem sozialen Netzwerk ganz von vorne beginnen. Keine 989 Freunde, von denen du nur etwa zehn wirklich kennst. Nein, du willst wirklich interessante Menschen kennenlernen und einladen. Die folgenden Menschen stellen eine Freundschaftsanfrage. Vorerst willst du nur zehn Personen auswählen und diese in aller Ruhe kennenlernen, um so deinen Lebenshorizont zu erweitern. Für wen entscheidest du dich?

☐ **Nele** hat BWL studiert und sucht seit einem Jahr nach einer Stelle. Bisher hangelt sie sich von Praktikum zu Praktikum. Alle wollen Berufserfahrung, doch die hat sie nicht. Sie ist ziemlich frustriert.

☐ **Anton** ist arbeitslos und bezieht Hartz IV. Am liebsten hängt er den ganzen Tag in der Gegend herum, surft im Internet und schaut sich Videos an. Lange Ruhepausen sind ihm wichtig.

☐ **Emanuel** hat den Hauptschulabschluss nicht geschafft. Er besucht eine Berufsfördermaßnahme, um sich zu qualifizieren.

☐ **Jennifer** ist Musikstudentin. Sie spielt Oboe und übt mindestens acht Stunden am Tag. Sie hat daher kaum Kontakte zu Menschen.

☐ **Amira** ist Asylbewerberin aus dem Iran und wohnt in einer Aufnahmeeinrichtung für Asylbegehrende. Der einzige Kontakt zur Außenwelt ist ihr Smartphone. Das Warten auf das Asylverfahren und die Wohnsituation sind nervenaufreibend.

☐ **Hanno** ist Mitglied einer religiösen Gruppierung. Er hat heimlich diese Freundschaftsanfrage gestellt. Angst und Schuld sind seine ständigen Begleiter.

☐ **Gabi** ist behindert und sitzt in einem Rollstuhl. Sie will von zu Hause ausziehen und ein selbstständiges Leben führen. Die Wohnungssuche erweist sich als schwierig.

☐ **Jörg** ist homosexuell. Er hat sich gerade geoutet und großen Stress mit seinen Eltern. Sie wollen ihn rauswerfen. Was soll er machen?

☐ **Carlo** ist computersüchtig. Die meiste Zeit verbringt er in sozialen Netzwerken oder zockt. Er hat keine wirklichen Freunde.

☐ **Doris** arbeitet als Auszubildende in einer Bank. Es ist ihr Traumberuf. Sie möchte gerne Erfolg haben und Karriere machen, das ist ihr wichtiger als alles andere.

☐ **Sandra** ist schwer herzkrank. Die Chance zu überleben ist sehr gering, wenn sie nicht bald ein Spenderorgan erhält.

☐ **Daniel** liebt das Leben. Alles klappt wunderbar. Er hat viele Freunde und in der Schule ist er auf Erfolgskurs.

☐ **Adrian** bezeichnet sich als Lebenskünstler. Er liebt das geistreiche Gespräch und versteht es, seine Gesprächspartner spannend und interessant zu unterhalten.

☐ **Katharina** ist magersüchtig. Aussehen und Körpergewicht sind ihre ständigen Themen und die Waage begleitet sie durch den ganzen Tag. Sie erwartet Hilfe von ihren neuen Online-Freunden.

☐ **Ivo** stottert. Das Sprechen hat er sich abgewöhnt. Das Schreiben im Internet ist für ihn eine ganz neue Erfahrung und eine Art Therapie.

Arthur Thömmes: Die schnelle Stunde Ethik
© Auer Verlag – AAP Lehrerfachverlage GmbH, Donauwörth

Virtuelle Freundschaften

- [ ] **Annette** möchte Schluss machen mit ihrem Leben. Sie sieht keinen Sinn mehr darin. Sie hat genaue Vorstellungen, wie sie aus dieser Welt gehen will.

- [ ] **Charly** ist tabletten- und alkoholabhängig. Die Sucht hat ihn im Griff, doch er weiß auch, dass er unbedingt davon loskommen muss.

- [ ] **Henriette** ist Gruftie. Sie liebt die dunklen Seiten des Lebens. Nicht nur ihr Outfit, sondern auch bestimmte Rituale gehören zu ihrer Lebenseinstellung.

- [ ] **Henry** saß fünf Jahre im Gefängnis. Warum? Das will er noch nicht sagen. Er will sein Leben ändern und sein Bewährungshelfer hat ihm empfohlen, soziale Kontakte zu knüpfen.

- [ ] **Samuel** ist auf der Suche nach dem Sinn des Lebens und ein gläubiger Christ. Er betet regelmäßig, will jedoch niemanden von seinem Glauben überzeugen.

- [ ] **Ismael** ist ein bekennender Macho und total überzeugt von sich, von seiner Schönheit und seiner Intelligenz. Er flirtet gerne.

- [ ] **Caroline** hat einen Schlussstrich gesetzt unter ihr bisheriges bürgerliches Leben. Sie sucht nach neuen Erfahrungen. Doch sie ist noch planlos.

- [ ] **Hendrik** bezeichnet sich als politischen Menschen. Er will eine neue Gesellschaft mit Menschen, die sich einmischen und Veränderung anstreben. Dazu sind ihm auch extreme Mittel recht.

- [ ] **Karola** ist Ärztin. Sie liebt ihren Beruf. Um sich vom Dauerstress zu erholen, möchte sie intensiv mit fremden Menschen chatten.

© Julijah – Fotolia

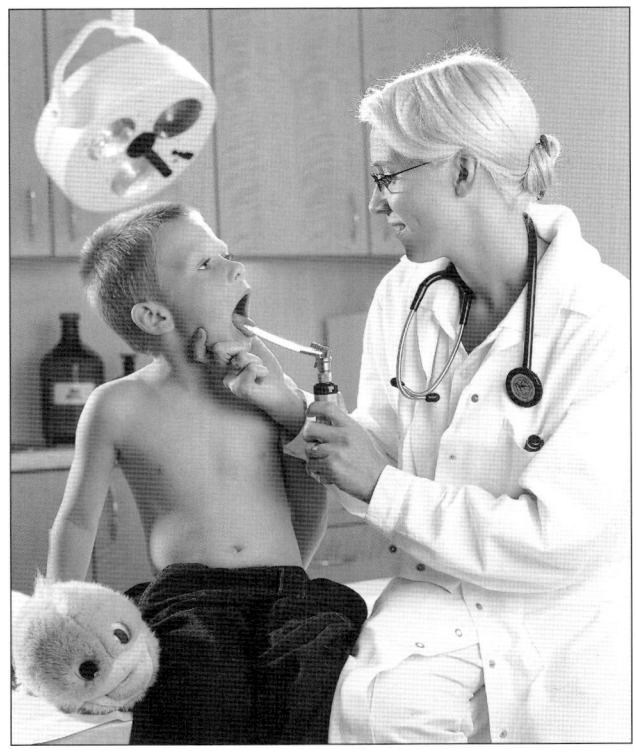

© MEV Spezial, Medizin & Gesundheit, ME0115

Was wirklich wichtig ist im Leben

7.–10. Klasse

45 min

Arbeitsblatt, Stifte

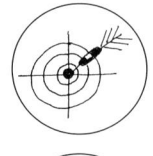

über das Wesentliche des Lebens nachdenken und darüber reden

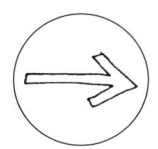

Arbeitsblatt kopieren

Viele unterschiedliche Faktoren beeinflussen unser Leben. Jugendliche müssen schon sehr früh Entscheidungen treffen, die ihr Leben in eine bestimmte Bahn lenken. Mithilfe des Arbeitsblattes sollen die Schüler überlegen, was für ihr Leben wichtig bzw. unwichtig ist. Jeder füllt das Blatt zunächst in Einzelarbeit aus und wählt aus der Liste die fünf wichtigsten Faktoren. Dann werden in einer Art Prioritätenliste die einzelnen Meinungen abgerufen – eine Repräsentativumfrage in kleinem Rahmen. Welche Reihenfolge ergibt sich? Was ist am wichtigsten für das Leben und was hat keine Bedeutung? In einem Gespräch werden die einzelnen Bereiche vertieft.

Nach der Kopfstandmethode werden die unwichtigsten Dinge des Lebens gesammelt und aufgelistet.

Die Schüler werden dazu angeregt, eine persönliche Umfrage im erwachsenen Familien- und Freundeskreis zu machen. Vielleicht sieht die Wertigkeit hier ganz anders aus.

Arthur Thömmes: Die schnelle Stunde Ethik
© Auer Verlag – AAP Lehrerfachverlage GmbH, Donauwörth

Was wirklich wichtig ist im Leben

... dass ich alt werde

... dass ich viel Geld verdiene

... dass ich viele echte Freunde habe

... dass ich eine große Familie habe

... dass ich einen festen Lebenspartner habe

... dass ich glücklich bin

... dass ich gesund bleibe

... dass ich Karriere mache

... dass ich gut aussehe

... dass ich in einem freien Land lebe

... dass Frieden auf der Welt bleibt

... dass ich in einer gesunden Umwelt lebe

... dass ich zufrieden bin mit dem, was ich habe und bin

... dass ich unabhängig bin

... dass ich Kinder habe

... dass ich Anerkennung und Respekt erfahre

... dass ich Party machen kann

... dass ich viel in der Welt herumkomme

... dass mein Beruf mir Spaß macht

... dass ich keine Konflikte habe

... dass ich selbstsicher auftreten kann

... dass ich etwas Besonderes leiste

... dass ich mir viel Wissen aneigne

... dass ich Freude am Leben habe

... _____

... _____

... _____

1. Suche fünf Punkte aus, die für dein Leben wichtig sind.
2. Erstellt eine Klassenrangfolge und unterhaltet euch über die Ergebnisse!

Arthur Thömmes: Die schnelle Stunde Ethik
© Auer Verlag – AAP Lehrerfachverlage GmbH, Donauwörth